文案力

一学就会的文案写作技巧

郑纬筌　著

北京时代华文书局

图书在版编目（CIP）数据

文案力：一学就会的文案写作技巧 / 郑纬筌著. — 北京：北京时代华文书局，2020. 1

ISBN 978-7-5699-3437-3

Ⅰ. ① 文… Ⅱ. ① 郑… Ⅲ. ① 商务—应用文—写作 Ⅳ. ① F7

中国版本图书馆 CIP 数据核字（2020）第 009061 号

北京市版权局著作权合同登记号　图字：01-2018-6977 号

中文简体版透过成都天鸢文化传播有限公司代理，经大雁文化事业股份有限公司大写出版事业部独家授权，限在大陆地区出版发行，非经书面同意，不得以任何形式任意复制、转载。

文案力：一学就会的文案写作技巧

WEN'AN LI YI XUE JIU HUI DE WEN'AN XIEZUO JIQIAO

著　　者 | 郑纬筌

出 版 人 | 陈　涛

责任编辑 | 周　磊　余荣才

责任校对 | 周连杰

装帧设计 | 私书坊_刘　俊　王艾迪

责任印制 | 刘　银　訾　敬

出版发行 | 北京时代华文书局 http://www.bjsdsj.com.cn

北京市东城区安定门外大街 138 号皇城国际大厦 A 座 8 楼

邮编：100011　电话：010-64267955　64267677

印　　刷 | 凯德印刷（天津）有限公司　022-29644128

（如发现印装质量问题，请与印刷厂联系调换）

开　　本 | 710mm×1000mm　1/16　印　　张 | 12.5　字　　数 | 136 千字

版　　次 | 2020 年 10 月第 1 版　印　　次 | 2020 年 10 月第 1 次印刷

书　　号 | ISBN 978-7-5699-3437-3

定　　价 | 52.00 元

序言 /
锻造强大的文案力，从感受写作的乐趣开始

大家好，我是郑纬筌，很高兴通过《文案力：一学就会的文案写作技巧》与各位见面，希望通过本书，把我在台湾地区多年教授文案写作、内容营销的经验，毫无保留地分享给您。

近年来，我常在不同的机构开设文案写作的公开班课，也时常应邀到各大企业或学校去做培训。我发现，很多人有“作文恐慌症”——一听到要写文案或企划案就头皮发麻，甚至显得手足无措、呼吸不畅。殊不知写作其实没有那么困难，只要建立正确的观念，再加上大量的借鉴和练习即可入门。

有些人曾告诉我，尽管平常也有阅读文章或写博客、微博的习惯，但真正到了要动笔的时刻，仍不知道该如何下笔和组织文字；往往是文思枯竭，总也找不到灵感，无法写出感动人心的篇章；即使勉强拼凑完

一篇文章，也总觉得文中的立论好像少了点东西，难以令人信服。

在过往的授课过程中，我总会安排动手写作练习的单元，让学员们有机会多书写，借此强化文案写作能力；甚至通过交换阅读其他学员文章的方式，来借鉴、学习他人的长处与优点。

说到文案写作，不知各位是否会立刻想到杜蕾斯、江小白或麦当劳等知名品牌所写的“走心文案”呢？那些让人拍案叫绝的文案，固然值得借鉴和学习，但文案写作的重点并不只是舞文弄墨，或者想要博取目标受众的眼球——而是一段陪伴大家走过的精神之旅。

很多人对文案写作有误解，以为文案写得好，所介绍的产品或服务就一定受欢迎。其实，在整个销售的过程中，文案只是扮演刺激消费欲望的推动角色，背后还需要很多其他环节共同配合。一篇浅显易懂的文案，可以拉近产品或服务与受众之间的距离，也有助于传达观点，这也是好文案的基本要件。

所以，内容构思的重点，其实首先在能够通顺地表达自己的观点，并带给目标受众切实的触动。而这一切，也是我希望通过本书想要传达给您的重点。不只是提供写作框架与套路，我更期待能够帮助读者朋友从零开始，打好扎实的文案写作基础。

这本新书名为《文案力：一学就会的文案写作技巧》，是出版社编辑们头脑风暴之后的结晶。希望读者朋友们可以细细体会杰出文案背后的功力，努力让自己写出具有独特销售主张与核心价值的文案，以便为消费者勾勒出具体的受益点和愿望。

所以，我写这本书的用意，就是希望帮大家找到写作的乐趣，特别是那些视写作为畏途的朋友；很诚挚地希望通过本书，手把手地带领各位读者朋友突破盲点，找到适合自己的写作方式与风格。我很希望跟大家分享一些写作技巧与营销观念，让每位读者朋友都能够充满自信地写出吸引眼球的文案。

期望有幸与本书结缘的您，可以花点时间和我一起共同感受写作的乐趣，并通过大量练习来练就强大的文案力。

目录

CONTENTS

第一章　揭开文案的神秘面纱

第二章　何谓“文案力”

第六章　感动力：用故事拉近顾客并赢得信任

第七章　如何经营自己的社交网络媒体

第八章 不同类型的文案怎么写

结语 陪您走过一段创作的精神之旅

第一章

揭开文案的神秘面纱

引　言

被喻为日本“经营之圣”的稻盛和夫曾说过“产品也有灵魂”，意思是当我们满怀爱意，并且深信工作现场有神明的眷顾，就会让产品注入灵魂，自然得以和产品建立一种奇妙而美好的关系。

在市场上推出一款广受欢迎的卓越产品是很多商家的心愿，但大家也知道，这往往需要投入很多心力及造就良好的使用体验。然而，就像好书未必本本畅销的道理一样，设计优良的产品也不一定能够热卖；要能够让普通大众感受到产品的灵魂，就必须借产品广告文案的助力，适时地画龙点睛，或者给予消费者一种强力震撼。

毫无疑问，文案写作是一种专业的沟通传达技巧，但这并不表示一般人无法亲近、学习，或者只有文笔好的人才能写出令人称赏、拍案叫绝的内容。

也许您已经准备好要一窥文案的底细了，但在本书的第一章，我们先不急着讲述文案写作的重点。我想带领大家回顾过往的生活经验，回想自己是否曾经被某些文案吸引过；从这些具有代表性的作品来推敲，文案是由哪些核心元素组成的；再来思索文案要如何酝酿；最后，帮大家破除一些常见的误解和迷惑，从此开始真正地认识文案。

第一节　您曾被文案吸引吗?

我们的信念是，如果我们持续在顾客面前推出很棒的产品，他们就会不断打开钱包。

——苹果公司创办人史蒂夫·乔布斯（Steve Jobs）

我们生活在一个由信息与场景主宰大众消费意识的年代，很多人被智能手机、平板电脑等移动设备“绑架”，在地铁、咖啡馆或办公室等场所中逐无线网络信号而动，更频繁地在不同形态的工作与生活场景中切换。不过，这也让人不知不觉置身于大量的广告信息之中——从一般产品包装上的说明、公交车车体广告、便利商店的店头海报到购物网站上的登录页（Landing Page），甚至是手摇杯饮料的封口，到处可见广告文案的踪影。

我们每天会看到大量的广告文案，伴随着各种充满诱惑、煽动性的口号、标语和隐藏其中的行动呼吁（Call to action），鼓动着我们去购买产品、接受理念或采取特定的行动。

谈到文案的功能，在翻开本书之前，相信您已经有了粗略的印象；

至于文案对辅助销售或沟通传达的帮助，也可见一斑，否则就不会翻开本书了。但人们多半都有防范心，要如何让人卸下防范心，愿意接受、采纳各种诉求，甚至让原本没有明确购买需求与动机的消费者，也产生一种莫名的购物冲动……嗯，这就要看隐身于幕后的文案高手们如何大显神通了。

在正式开始谈文案写作的技巧之前，我想先提一个问题：您，曾被文案吸引过吗？那些真正厉害的文案，未必堆砌了华丽的词藻，但能深入人心。嗯，您知道为什么吗？

在这里先跟大家分享几个例子，通过实际的案例来看看这些让人怦然心动的文案，到底具有哪些特色？

在帮中国台湾电子商务创业联谊会（TeSA）、阿尔法营地（ALPHA Camp）学校或其他机构所开设的文案课中，我总爱举苹果公司创办人乔布斯的例子。诚然，苹果公司的广告文案向来有口皆碑，但我最爱在课堂上举的案例不是苹果手机（iPhone）、苹果平板电脑（iPad）或苹果超薄笔记本电脑（MacBook Air）这些时髦的消费性电子产品，而是早在2001年就问世的数字音乐装置——便携式数字多媒体播放器iPod。

通过优兔（YouTube）影片，我们可以不断重温乔布斯的迷人风采。穿着一袭黑色高领衫和牛仔裤的乔布斯，在苹果公司举办的年度产品发表会上，轻巧地把白色的iPod塞进牛仔裤的裤袋中，并且淡定地对台下观众说出那句经典广告语，“1 000 songs in your pocket”（1 000首歌藏于您的口袋中）。

不谈功能、规格，也不说价格，乔布斯用一次可以装进1 000首歌的量化比喻，便清楚点出了iPod与众不同的特色，让消费者能够在脑海中建立明确的印象，也清楚地针对数字音乐产品进行了市场区分。iPod Classic（iPod名曲）推出之后果然一炮而红，后面的故事发展相信大家都耳熟能详了。伴随iTunes Music Store（iTunes音乐商店）在2003年6月问世，iPod彻底地改变了数字音乐产业的格局。从此以后，被大家装进口袋里的音乐便如影随形，成为我们生活中不可或缺的良伴。

接下来，我想跟大家分享一个中国台湾的案例，同样也让人眼睛为之一亮。是的，也许您已经猜到了，我要说的就是全联福利中心的作品。

2015年时，全联福利中心曾制作了一系列名为“全联经济美学”的广告。这14支长度在15秒以内的短片，按照全联福利中心的说法，是想要“彰显出一种在现实中追求理想，在理想中顾及现实，以及看见铁草莓、消费新思维的价值主张”。

曾在统一超商公司服务近25年的“营销鬼才”刘鸿征，转战全联福利中心之后负责策划这一系列电视广告，通过丰富的镜头语言，营造出在新时代具有主见并大胆拥抱梦想的正面氛围。人们不难看出全联福利中心积极地想要与年轻族群产生联结的意图，而广告推出之后，果然也大受好评。

其中，最让我印象深刻的短片，当数以下这个大玩双关语的“桥段”：只见一位略显丰腴的短发女孩在大街上，一边啜饮无糖绿茶，一边“酷酷”地说：“养成好习惯很重要，我习惯去糖去冰去全联。”明眼人都能理解，前面“去糖”“去冰”中的“去”，大有“去除”和

“否定”的意思；后面的文意却急转直下，里边所指涉的“去全联”，颇有“前往”和“向往”的正面含义。

帮全联福利中心拍摄广告的团队利用中文的奥妙大玩文字游戏，在女孩似笑非笑、略显淡定的表情下，更多凸显文案的张力与趣味，也顺道点出了全联福利中心的新价值主张，让人拍案叫绝。

不只是这一系列的广告令人意犹未尽，全联福利中心在2016年底所推出的火锅料宣传语比赛，更以“高丽菜：国民天菜／如果你愿意一层一层地剥开我的心”“金针菇：不死传奇／再说一声，明天见”“燕饺：最熟悉的陌生人／鱼饺、蛋饺之外，你叫不出来的那个饺”“王子面：90年代偶像／最新专辑《我不是公主》”“鲷鱼片：大鱼肉家／熟了就容易散”，以及“梅花豚：优脂男孩／脂融你口，不融你手”等精美的图片和独到的宣传语，让广大消费者留下深刻印象。

厉害的文案撰写者，往往懂得善用文字的力量，让人发出会心一笑。2017年初，全联福利中心乘胜追击推出的饮料宣传文字，虽然只是将先前的火锅料宣传文字稍加修改，但依旧引起网友们的热烈讨论。

最后，再让我们来看看一个国外的案例。

如果有老外问您“最近过得如何啊”，或是“工作还好吗”，这时您就可以回答“So far so good”，意思是“到目前为止，一切还算顺利”。但您知道吗，针对这句常见的英文俚语，也可以“借题发挥”，变成让人印象深刻的文案。

在英国苏格兰首府爱丁堡市，有一家专门经营沙发、桌椅的精品家具店，该店便巧妙地把自家店名命名为“Sofa So Good”，让人看了觉得十分幽默，可以轻易地与“So far so good”这句俚语产生联结。店家更意有所指，告诉所有顾客他们是英国都会里的一家精品沙发店，但价格相当实惠，不像一般精品那样冷冰冰，令人感到高不可攀。

更耐人寻味的是该家具店在网站上所撰写的企业简介，很清楚地点出其运营的特色——“Sofa So Good提供多元的沙发或椅子的家具风格，以满足您的品位。无论是经典或现代风格、真皮或绒布材质、超大沙发或小巧沙发，我们专注为客户服务的小型团队，将为您从英国各地搜寻所有高质量、时尚沙发或桌椅的最佳组合。”①

在这个注意力容易被许多外来事物瓜分的年代，要撰写、设计吸引眼球的文案，的确不是件容易的事，也往往让许多文案撰写者绞尽脑汁。但是从苹果公司的“可以装下1 000首歌的iPod”、全联福利中心的“全联经济美学”系列广告，到英国爱丁堡家具店的“Sofa So Good”，三种风格迥异、巧妙但各有不同的文案，让人留下了深刻的印象，也为产品销售打下良好的基础。

以上这三个案例，是否给您一些启发了呢？接下来，就让我们来理解文案的组成与核心元素吧！

① 原文为：Sofa So Good has a sofa or chair style to suit your taste. Classic or contemporary, leather or fabric, over-sized or compact, our small customer-focused team has hunted UK wide to source what we think is simply the best collection of quality, stylish sofas and chairs available.

第二节　文案的组成与核心元素

你的广告提供的信息越多，它的说服力就越强。

——奥美广告集团创办人戴维·奥格威（David Ogilvy）

坊间谈文案写作或作文技巧的相关书籍可说是汗牛充栋。您从书店所陈列的众多书籍之中挑选到本书，表示您一定对文案写作有兴趣。再不然，就是想要了解文案对工作有哪些帮助吧。

让我先卖个关子，在开始介绍文案写作技巧之前，先让我们来谈谈“文案”本身吧。

到底什么是文案呢？在各种饮料瓶身上看到的产品说明，或者报纸上的房屋建筑广告，乃至于我们时常在网站上发现的各种网络横幅广告，这些内容都可以算是文案吗？

维基百科告诉我们，文案是为了宣传产品、企业、主张或想法，在报纸、杂志、海报等平面媒体或电子媒体的图像广告、电视广告、网页横幅（Banner）等上面使用的文稿或以此为业的人。

这段话也许不是很容易理解，就让我来帮大家“翻译”一下。

简单地说，文案就是通过平面、电子媒体或网络等媒介的传播，以图文或影像等方式来传递企业的理念、主张或宣传产品信息，希望以此影响受众从而采取特定的行动。此外，专门以撰稿为生的专业人士（Copywriter），有时也会被外界简称为文案。

其实，文字的力量往往超乎预期。一段好的文案不仅仅能够促进产品销售或理念传达，更有可能影响千万人并带来巨大的改变。举个例子，您一定还记得2017年初卸任的美国前总统奥巴马（Barack Obama）在2008年竞选总统时所推出的竞选口号吧。当初，他那句“Yes，We Can!”（是的，我们可以）不但撼动了千万人，更一举将这位非洲裔的美国伊利诺伊州参议员送进白宫。而其继任者特朗普的“Make America Great Again”（让美国再次伟大），也同样令人动容。

诚然，文案写作不只是舞文弄墨，更是一段陪伴目标受众走过的精神旅程。

是的，文案写作，应该被视为是一段精神的旅程。因此，实现目标固然很重要，但过程中的细节也不容小觑。

所以，我认为，成功的（商业）文案写作，其实是以销售产品或服务为目的，综合反映您过往的全部阅历与专业知识，以及您如何将这些信息经过消化之后形成文字的表达、沟通能力。

读到这里，猜想您应该对一般的文案有些基本认识了。接下来，让我们以销售产品为例，试着来拆解常见的产品文案吧。

您可能常在报纸、杂志或社群媒体上看过很多鼓动能力超强的产品文案，这些文案有的直指人心，有的使用了大量的华丽词藻，都彰显出非凡的价值，试图说服消费者为何非买不可。其实，文案的构成万变不离其宗，其核心元素不外乎受众（Audience）、特色（Features）和目标（Aim）三大部分。

以下，简单为大家介绍这三大部分。

受众

文案写作并非一般的文学创作，最重要的是为特定的受众而写。因此，在开始构思文案之前，我们得想清楚到底是谁需要阅读这篇文案，我们又想打动哪些特定的人群。

打个比方，如果我们想销售亲子类儿童书籍，那么就要针对有购买能力的父母群体来进行沟通——特别是掌控家中预算的妈妈们，要注意她们会在乎哪些事情：是价格、功能，还是质量呢？儿童书籍的内容固然重要，但可能也得注意包装材料，以避免小朋友拿取或阅读时受伤。甚至，有些宝宝绘本或有声儿童书籍，是以可食性的大豆油墨印刷来作为诉求的。这一点也特别能够引起妈妈们的共鸣。

不知您是否曾发现，在小学、幼儿园或知名托管班门口，总会看到一些补习班或出版社的业务员在附近推销幼儿教材。这些嗅觉灵敏的业务员仿佛身上装了雷达似的，只要看到类似小孩妈妈的行人经过，他们就会立刻上前搭讪，并鼓动三寸不烂之舌。就产品营销的流程来说，我们势必先找到正确的受众，然后再来思考推销的手法与口才。

又好像日剧《重版出来》之中，出版社的业务员小泉纯奉命推销《蒲公英铁道》这部以铁路旅游为题材的漫画。他尝试了许多的方法，不只是提供试读本和作者签名，更为了接触喜欢旅游和铁路的读者，还亲笔写信给多家书店的店长，以争取把这部漫画也放到销售旅游书籍的专区，借此获得更多的展示机会。

最后再提醒大家，在界定目标受众的时候，不能光靠数据、资料或感觉，而是要从不同的生活场景中去观察人、事、物的规律，才能准确搜集消费者的想法和需求。

特色

既然大多数文案的目的是为了销售，那么我们就需要通过内容的传达，好好介绍一下产品或服务的特色，让特定的受众能够迅速理解。值得注意的是，在这个信息发达的年代，很多信息都可以在网络上查到。因此，现代文案写作的重点，已经不再锁定于提供巨细靡遗的产品功能与规格，而是要能够说清楚产品的独特之处。

举个例子，我曾有个文案课的学生，她计划创业——销售手工皂。课后和她聊起创业计划时，我随口询问："这款手工皂有哪些特色？"只见她不假思索，立刻说了类似天然、纯净、环保与健康等字眼。我先点点头，之后又笑着摇摇头，表示这并非我想听到的答案。因为天然、环保等诉求固然是许多手工皂共有的特点，但并不够独特。就市场的初创品牌来说，恐怕也很难让潜在消费者产生深刻的印象。

各位在撰写文案时，不妨“换位思考”一下——如果自己身为消费者，您会希望商家怎么介绍产品呢？或想得知哪些信息？再以手工皂为例，消费者除了关注成分、功效和价格之外，也许更在乎能否获得额外的价值。比如是否针对国人的体质或肌肤特性进行设计，或有没有传递哪种独特的生活态度、主张。

像台湾主妇联盟生活消费合作社人员在介绍他们所销售的手工香皂时，不但仔细说明了成分与制作方法，还阐述了合作厂商的品牌故事。其中一段介绍手工皂制作过程的文字，就成功地吸引了我的目光：

> “洗发沐浴精和手工皂在热煮的过程中，马可会帮锅子‘盖棉被’，减少热气逸散，在节省能源的同时，也可以让皂化更完全。”

目标

在锁定受众和清楚阐述产品特色之后，我们就要进一步设定目标，也就是这篇文案需要达到哪些目的——是销售产品吗？是宣传理念吗？还是有其他的行动诉求呢？如果希望唤起人们的注意力，想要这群受众在看了精心设计的文案之后，就能立刻采取行动的话，那么就必须有让人信服的理由。

简单来说，好的文案必须让人相信目标的合理性，同时支持理由也是越简单、具体越好。

比如我们都知道，手工皂很纯净、环保，但消费者的选择太多，基于销售的目的，我们还是必须通过品牌包装或其他的宣传渠道，让潜在消费者感受到手工皂的好，以及拥有它的必要性。

再举个例子，我常在台北街头看到绿色和平组织的志愿者们奔走邀请社会大众参与各种联署活动或捐款。好比他们曾发起保护北极的呼吁，希望保护北极生态，以免受工业捕捞之苦；同时也阻止北极石油勘探，以守护无数独特生物的家园。

老实说，北极着实离我们的生活圈太远了，大家往往难以产生同理心。要知道，如果此刻只是说理，恐怕难以取得成效。这时，若是在联署活动网页上摆上大幅的北极熊宝宝照片，就会吸引大众的关注，同时也理解到：若不采取保护行动，恐怕一百年内北极熊就会绝迹了。

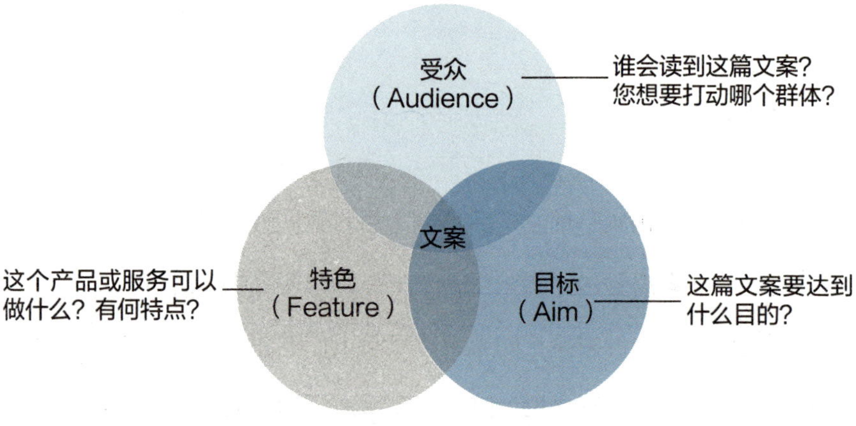

文案组成的核心元素

如果不想以后只能在《百科全书》或《动物图鉴》上看到北极熊的图片，那么我们最好现在就开始行动!

整体而言，我们都知道，在这个信息爆炸的年代，客户通常不会为了产品本身而购买，而会考虑到附加值或其他的心理因素。文案在销售与说服的过程中扮演着关键的角色。要想成功地销售产品或服务，就必须创造出独特的价值，并且要远超越价格带给人们的取舍局限。

而在开始着手撰写文案之前，若能预先盘点、检查文案组成的三个核心元素，将有助于在消费行为的前、中、后期，找出顾客所在乎的价值，并提供具体可行的解决方案。

如果您还是没有什么灵感，不妨回想一下自己最喜欢的产品文案，看看那些文案的内容介绍了什么信息，又是哪些部分最让您怦然心动。请谨记，要针对不同的产品属性进行文案的设计，绝对不能为了销售产品而堆砌华丽的词藻，或过度渲染，否则只会让人觉得很空洞，甚至会带来相反效果。

第三节　好文案要如何酝酿

别为你的产品找顾客，要为你的顾客找产品。

——畅销书《紫牛》《低谷》作者赛斯·高汀（Seth Godin）

现在，我们都能理解文案组成必须注意受众、特色与目标三个核心元素，也看过几个国内外精彩的文案案例，接下来我要跟大家谈谈如何酝酿、打造好的文案。

就像练功要先扎好马步一样，只要马步扎得稳，自然胜过华丽的舞步。想要学好文案撰写，我认为有几个原则必须遵守。

事先思考

很多人撰写文案或写企划案都容易犯一个毛病，就是一拿到题目就开始写，或试图通过搜索引擎找数据，而不是好好冷静思考，想清楚到底这篇文章的目的为何，想要传达的重点有哪些。

想要打动人心，就必须先站在对方的角度思考：我们的文案是否对受众有意义？我们想要推销的产品、服务，又有哪些特色或利益是潜在消费者会关切的？要从价值层面出发，才能令人怦然心动。

大量练习

大家都知道“罗马不是一天建成的”，也明了做任何事很难“一步登天”，唯有靠不断地练习、积累，甚至像加拿大畅销书作家格拉德威尔（Malcolm Gladwell）在《异类：不一样的成功启示录》这本书中所提到的“一万个小时”定律，必须大量地练习才能成功。

我承认写作的确存在天分。但对于一般人来说，想要达到“读书破万卷，下笔如有神”的境界并非不可能——只要我们多观摩他人的作品、多阅读报章杂志，便能丰富自己的视野；再加上平日的努力练习，文笔一定会提升的。

建立创意数据库

记得在上文案课的时候，有些同学问过我要如何培养灵感。我也发现，不少人在开始策划文案时很容易卡壳，原因不外乎是遇到肠枯思竭的窘境。为了避免在关键时刻发生这种憾事，平常的准备工夫就很重要了。

我建议大家从现在就开始建立自己的创意数据库。如果您平常习惯用纸笔书写，可以准备一本笔记本，开始记录日常生活中随手取得的各种不错的文案、广告标语，甚至可以把报纸、杂志上的广告直接复印或撕下来，贴到笔记本上以便随时翻阅。当然，若您喜欢用印象笔记（Evernote）或一本通（OneNote）等数字工具来进行记录，那也可以比照办理。请谨记，建立数据库的重点不在于执行方式、工具或流程，而是有没有彻底执行。

还有一点，请不要把建立数据库的事交给别人，因为唯有自己才最清楚需要搜集哪方面的素材与数据，且因数据库的建设需要一段时间，因此愈早开始着手愈有利。通过数据库的索引及大量阅读，不但在文案撰写的过程中可以有很多素材可以参考，更能通过观摩，增加自己对文字的敏感性，也可借机学习其他经营者的创意与策略。

确保内容正确

曾上过我的文案课的朋友可能都知道，我会请大家在课前先讲解标点符号使用的相关标准，趁机把早就还给小学老师的标点符号使用标准再重新温习一下。也许您会感到纳闷：文案写作和标点符号有什么关系呢？事实上，这之间的关系可大了——说得夸张点，若能正确运用标点符号，连文句中小小的逗号都可帮助销售；但如果用错了，那可是会贻笑大方的，甚至造成误解。

另外，错别字和不正确的语法也很常见，这些都是我们在文案撰写过程中需要避免的。建议各位在写好文案或企划书之后别急着交件，请先自行阅读一遍；如果没有把握的话，也可以请同事、朋友代劳，帮助过目审阅。

实事求是

知名学者胡适有一句名言：“有几分证据，说几分话；有七分证据，不能说八分话。”意思是凡事都要有所依凭，必须讲求证据。我也认为这段话很重要，应该被所有营销企划人员奉为圭臬。从营销角度来看，不能因为今天要销售某样产品，我们就昧着良心说该产品有多么多么好。

消费者不是笨蛋，对于充满溢美之词的广告文案，大家心中也都有一把尺，很容易自行过滤。若一味宣传自家产品有多么的优秀出众，却又拿不出相应的数据来佐证，伎俩就很容易被拆穿，也就完全达不到营销的目的。一味想要讨好消费者，是许多经营者在开展营销活动时都曾有过的盲点，希望大家不要再重蹈覆辙了。做营销的最高指导原则还是得要“有几分证据，说几分话”。

多番琢磨

很多人也曾问过我：“老师，我的文笔不好怎么办？”其实他们多半并非真的担心自己的文笔不好，言下之意只是想要确认写文案是否需要妙笔生花、堆砌很多华丽的辞藻。

我的答案很简单，这世界上也许只有一个方文山，能够写出《青花瓷》般优雅的歌词。但是，我更期待大家可以师法李宗盛——成就一首扣人心弦的歌，遣词造句是经过多番琢磨后经修改而成的。

他的歌直白、简单，却朗朗上口，让人难以忘怀。现今流行的“让10亿人都震惊”之类的内容为“农场类型”标题，或许在一时之间能够吸引众人目光，但长久来看，必将受到市场淘汰。毕竟，能够引发病毒式爆发的文案，必然是直指人心的。想要让特定受众感受到您的用心，除了大量练习撰写，我认为多次的调整、修改也是必要的。

所以，别再担心自己的文笔不好了。简单、直接的文案诉求，有时更胜过在冗长的文句之中堆砌了无数看似华丽、实则空洞的词汇。试想，即使您有全世界最棒的产品和点子，但是，如果无法用最简洁、有力的方式说服目标受众接受您的解决方案，那么说再多，一切也是白搭。

第四节　关于文案的一些误解

制定正确的战略固然重要，但更重要的是战略的执行。

——联想集团董事长兼总裁杨元庆

嗯，读到这里，您应该对文案有了更多的认识吧。

在本章的结尾，让我们再来谈谈关于文案的二三事。首先，设法排除一些过去的刻板印象或误解，并从现在开始建立正确的文案写作心态。

从过去所开设的文案写作课中，我常发现不少人虽然理解了文案的重要性，但其实对文案仍一知半解。所以，我搜集了一些社会大众对文案常见的误解，制作成表1-1（见第22页），希望可以给大家做个参考。

我觉得第一点和第二点有关联性，我们可以放在一起思考。要知道，文案写得好，通常只代表您懂得营销包装的重要性，并且有了一个好的开始而已。文案只是整个销售行为中的众多配角之一，别过度看重包装而忽略本质。请注意：产品或服务本身才是主角。

表 1-1 对文案常见的误解与纠正

	对文案常见的误解	纠正误解
1	文案写得好，任何产品、服务就一定卖得动	文案只是辅助销售的配角，还需其他环节的配合
2	产品的价值靠营销包装	产品的价值取决于顾客
3	写文案要堆砌一堆流行用语、规格或术语，让人觉得很厉害	产品说明要能让顾客立即了解，标语要简单好记，容易朗朗上口
4	文案中要充满魅力点或利益诉求，让人觉得物超所值	提供顾客可行的解决方案，表明最主要的利益即可。若有需要，可分多次撰写，并针对不同的好处进行介绍

一篇合情合理且浅显易懂的文案，往往可以帮助经营者拉近与受众之间的距离，或协助消除顾客的顾虑。但是，能否仅仅只靠几行字就把产品卖翻天，主要还得看产品本身的造化，甚至要考虑天时、地利与人和因素。说得残酷点，即使产品好或价格低也不代表一定能够热卖，产品的价值最终还是取决于顾客的需求。

对于顾客来说，价格很重要，但并非唯一。就像东京着衣的创办人周品均小姐所说，消费者真正想要的东西并不是看不上眼的廉价品，而是“看了想买但价格又可接受的东西”，唯有找到这个黄金交叉点才是最重要的。

总体而言，一篇好的文案可以烘托产品的价值，可以帮经营者加分。至于影响产品价值的关键因素，则包括品牌形象、质量、价格与包装设计等，以及顾客在完成消费行为前后的整段旅程。

文案完成并顺利传递到受众面前，才是备受考核、检验的开始。大家在看了文案之后，是否会怦然心动并采取行动，这之间所牵涉的因素着实不少。

再说到写文案的技巧。很多人容易犯一个毛病，误以为只有把天底下所有华丽的词藻都用上，或者把各种厉害的流行用语都放进文案中才能打动人。其实，这是没有必要的。若一味地把这些无谓的形容词、流行语推销给消费者，大家看多了之后，感官是会麻痹的，也就别说因此会达到感动消费者的目的了。

理想的文案要浅显易懂，要让顾客一眼便可明了产品的益处与经营者的用意。美好的产品必须有厉害的标语相互搭配，如此一来方可相得益彰；通过朗朗上口的标语帮衬，不但可以让品牌形象深入人心，更有助于提升销售业绩。

就像每次想起雄狮文具公司的产品标语“想象力是你的超能力”时，我总会不自觉地跟着那只可爱的蜡笔奶油狮扭动身躯，并兀自跟着广告主题曲的旋律哼唱起来。

最后，我们来说说文案与产品魅力点之间的关系。

所谓的“魅力点”，其实指的就是带给顾客的具体利益。就好像我已经戴小米手环好一阵子了，每天仰赖它来帮我统计步行运动量，偶尔也监看一下睡眠状态。后来，我也买了一个送给母亲。原本约好要一起运动，但后来我发现，这个手环对她的最大好处，其实是通过蓝牙的来电提醒功能，让她从此不再漏接亲友的来电，因而我感到特别安心。

产品的魅力点、特色多，也许是件好事，但如果从事营销的人太贪心，想要把各种特色、优势都一股脑地写进宣传文案中，那可能会模糊焦点，反而容易酿成“悲剧”了。对许多刚入门的文案新手来说，很容易犯这个毛病，因此我要特别提醒大家，并非在整篇文案中塞满各式各样的好处，顾客就会因此而感激、心动。

想想，乔布斯当年是怎么推销新一代的超薄笔记本电脑的？他在发布会上从来不提中央处理器（CPU）速度、内存容量或与其他竞争产品之间的比较，只是在大众面前“酷酷”地从牛皮纸袋中利索地取出一台簇新的超薄笔记本电脑。

只因为这个动作，就让全世界瞬间“秒懂”了——刚问世的超薄笔记本电脑是多么轻薄精巧！而苹果公司带给世人的极致工艺，又是多么的颠覆传统与创新！

总结起来就是，文案撰写的重点不在于词藻华丽或篇幅长短，而在于能否搔到痒处。只要让人觉得意犹未尽，想要立刻采取行动，那就稳操胜券了！

第二章

何谓“文案力”

第一节 让人听了就采取行动的魔法

好的广告不只在传达信息，它更能以信心和希望打动社会大众的心灵。

——李奥贝纳广告公司创办人李奥·贝纳（Leo Burnett）

如果您喜欢看童话故事，小时候也许曾读过一个名为《花衣魔笛手》（*Rattenfänger von Hameln*）的故事吧。

如果没听过也无妨，让我简单地告诉您。这个故事的梗概是，远在1284年，德国有个名为哈默尔恩（Hameln）的村落，那里鼠患猖獗，逼得村长不得不贴出告示征求解决方案。某一天，村里来了一个自称是捕鼠能手的外地人，村长和村民一致向他许诺，若能协助除去鼠患的话，必有重金酬谢。于是，这个异乡人便吹起笛子，鼠群闻声随行，被诱至威悉河悉数淹死了。

读到这里，您是否也很希望自己能够拥有那位吹笛手的能耐呢？只需吹出悠扬的笛声（写下撼动人心的文案），就能让人信服并采取行动。

许多文案撰写者或营销人员时常犯愁，苦于不知道该如何打动人。在这个世界上，到底有没有让人听了就采取行动的魔法呢？或者说得更直白点，到底要怎样写才能够写出直指人心的文案呢？嗯，我认为当然是有方法的，个中牵涉到沟通与表达的技巧，还有就是要懂得“换位思考”，设身处地把潜在消费者放在最高的位置。

想要让目标受众能够“听”我们的话，接受各种对于产品、服务的宣传，进而愿意掏腰包，就必须进行缜密的设计。换言之，这个流程必须循序渐进，不能操之过急。简单来说，就是要让受众先“听懂”我们的用意，然后设法吸引他们“动心”，并降低“疑虑”，最后还要适时地“推一把”，促使他们采取具体的行动。

过去几年，我曾辅导过许多新创团队，也帮这群充满潜力的创业者修正针对新产品或服务所撰写的文案。在辅导的过程中，我发现有高达七成的团队，都过于着重功能、特性的介绍，或者与竞争对手之间的比较，却忽略了受众内心的微妙感受，更疏忽了社会大众会结合过往的生活场景与经验，自行判断是否有这种需求的想法。

举个例子，谷歌公司有一个名闻遐迩的“牙刷测验”，每当他们决定是否并购一家公司时，总裁佩吉（Larry Page）就会询问相关负责人：“拟并购对象所推出的产品，是不是你一天会用上一两次的东西？会不会让你过得更好？”

特别是在这个信息爆炸的年代，大家每天都被大量碎片化的信息所吸引，看到五花八门的产品文案、电视广告或宣传页等信息时，即使会试着去理解，但多半成效不好。因为大多数人其实对这些信息是“无感”的，既感受不到这项产品信息与自己的关系，也不知道为何要采取相应的行动。

虽然大家都知道“心动就要马上行动”的道理，但很残忍的真相是，大多数的群众看过文案或广告之后，也只是知其然而不知其所以然，很快就让它过去——即使知道这个产品或服务很棒，顶多在脸书（Facebook）等社交媒体上点个“赞”，也未必会有足够的动力去进行消费或采取行动。

整体而言，文案的成败关键往往不在于篇幅长短，也无须着墨太多功能层面的元素，而应针对独特的卖点进行铺陈，甚至多谈谈给受众带来的利益、好处。唯有凸显无与伦比的“价值”，才能让目标受众听了有感觉，能够真正“听懂”厂商的诉求。

好比iPod当初问世时，有别于其他厂商大谈价格和规格的做法，苹果公司创办人乔布斯通过“把一千首歌放进你的口袋”的广告标语，让人们开始注意到iPod这个数字音乐随身装置的便捷性，也对“可以方便听歌”这件事产生具体的索求与更为愉悦的体验。如今再也没有人会花时间下载MP3了，但大家对数字音乐的依赖与日俱增。

要让受众“动心”，必须先缩短彼此之间的距离。就好比听到一顾客索价100元干式熟成牛肉汉堡包——当潜在消费者的心中发出“这个东西好像挺酷的”的声音时，也就表示他们上钩了。而最后一个步骤就是尽快“推一把”，用有力的行动呼吁这群被锁定的受众：别再多想，尽快采取行动。

我们再以苹果公司的例子来说明。为何智能手机、平板电脑推出之后会在全球热卖，而不是如微软公司前总裁鲍尔默所批评的，“用平板电脑的人都是可怜的家伙”呢？我认为，这是因为很多人相信乔布斯，信任他在产品设计领域的专业，以及对追求使用体验的执着，也认可他每次在苹果产品发表大会上的宣传内容，进而产生了共鸣。

所以，很多人就这样“动心”了，年复一年地采购苹果公司的产品，逐渐变成了忠实的苹果公司产品追随者。

我永远记得，在2007年1月的《麦客世界》（*Macworld*）杂志大会上，乔布斯用感性的语调说：“这一天，我已经期待了整整两年半。每隔一段时间，就会有一件革命性的产品改变世界：1984年，麦金塔改变了计算机产业；2001年，iPod 改变了音乐产业；而今天，我们要发表三个同样重量级的革命性产品。”

嗯，您一定猜到了，乔布斯口中的三件革命性产品，其实不是三个独立的消费性电子产品，而是后来改写全球智能手机产业的苹果手机。

想要重新发明手机的气魄固然了不起，但身为总裁的乔布斯并没有忘记推销苹果手机的重大责任。在整场发布会中，他不断用迷人的肢体语言搭配精美的演示，一方面挑动大家对于拥有一部智能手机的欲望，另一方面也鼓动世界各地的人们去苹果专卖店（Apple Store）抢购苹果手机。

现今社会的信息太多，可替代性的产品或服务也很多，如果没有人在乎您的产品或服务，其实一点也不足为奇。单单宣传功能、特色就能吸引客户的年代已经过去，唯有和目标受众沟通利益，才能让人停留驻足。

如果说，这个世界上真的有让人听了就采取行动的魔法，那么一定与“价值主张”（Value Proposition）有关。那么，什么是“价值主张”呢？简单来说，系指个人或企业对于提供的产品或服务可以为顾客所做出的承诺价值，而这种承诺价值必须建立在满足客户或潜在客户的需求上，并实现个人或企业获利的目的。

换言之，就是要通过文案的设计与传达，设身处地指出顾客所面临的困境，并提出具体的解决方案（提供价值），或满足他们的相关需求。

还有，请记得适时地“推坑”，让目标受众可以心甘情愿地被“劝败”，和我们一起享受使用美好产品或服务的快感。

我很喜欢美国生涯协会教练雪莉·卡特史考特博士（Chérie Carter-Scott）的一句名言：“平凡者只相信可能的，非凡者想象的不是可能或比较可能的，而是不可能的。借由想象不可能，他们开始视之为可能。”

如果您想写出非凡的文案，就让我们一起来努力吧！接下来，让我们利用一些篇幅，来为大家拆解文案力的组成元素与相关细节。

第二节　文案力＝表达力×说服力×感动力

除非您的广告建立在伟大的创意之上，否则它就像夜航的船，不为人所注意。

——奥美广告集团创办人大卫·奥格威（David Ogilvy）

我们都知道“罗马不是一天建成的”，如果您想练就非凡的写作与销售能力，写出不同凡响的文案，请先从观摩优秀作品与大量练习写作着手。

拜便捷的搜索引擎所赐，现在我们可以很方便地从网络上搜索到许多幽默有哏的文案，或者也可以考虑加入我在脸书上所开设的文案写作社团，大家一起来研究、切磋。

很多刚开始涉足文案写作的朋友问过我，除了多看、多想和多写，还需要在哪些环节多下功夫呢？我认为，文案撰写就是一种“交心”的过程，所以我们只有特别注重表达、说服与感动人心的技巧，方能把自己的心意传达给对方知悉。

想要写出让人眼睛为之一亮的文案，的确需要有好的创意、营销资源来配合，但更重要的还是“初心”二字。“初心”其实是一体两面，既诠释了消费者优先的心态，也意喻厂商在从事营销时仍需谨记回归产品的本质。

就像一手把“几米”品牌推向全世界的墨色国际公司总经理李雨珊，曾应邀在“创梦文创讲堂”进行分享，跟大家分析“几米”品牌走向国际的成功关键。她说：“‘几米’和其他多数图文创作者最大的不同，在于他的绘本是有故事性的，述说可能发生在都会生活中的多元文化经验。人们因共同的生活体验而产生巨大共鸣，这也是为何‘几米’作品能获得广大海外读者喜爱的原因之一。”

“几米”用他独特的风格来说故事，通过图像与文字诗意般的组合，打动了广大读者的心，进而塑就了所谓的“几米现象”。“几米”的成功经验告诉我们，独特的风格及具体展现提供给读者的好处，才是胜出的关键。

回到产品文案的层面来看，重点并不在于技法或营销策略，也就不需要用太多华丽的辞藻来堆砌文句，或者在文案中置入太多的专有名词或术语。毕竟您我都不是诗人，我们也不是在进行文学创作，着实犯不着“为赋新词强说愁”而刻意抬高自己的地位，因此拉远了与目标受众的距离。更何况，在忽略使用脉络的前提下所写出来的文案，往往也没有生命力，更谈不上能够实现营销的目的。

好的文案，只需要如实地传达所欲提供的利益、好处即可。我们再以全联福利中心的广告文案来想象，为何他们的每一支电视广告总能让人发出会心一笑，甚至成为大家茶余饭后的讨论话题呢？好比每次到了台风季节，我们总会在电视上看到全联“防台三步骤”的广告，通过“全联先生”带有喜感的演出，不断提醒我们在台风来袭前要先去全联补货、回家堆沙包，然后再封门窗。

我想，这不只是广告脚本写得好，或是“全联先生”恰如其分的演技，而是在于他们精准地勾勒市井百姓的生活风貌，并传达出一种全联福利中心真心与大家和衷共济的精神。

在过往开设文案课的时候，常有学生跑来问我：“老师，我文笔不好耶！我想在网络上卖东西，可是要怎么写出感动人的文案呢？”其实，这是一种常见的迷惑。

我们以流行音乐为例。一首被众人哼唱的好歌，也许因为歌词隽永而打动人，但也可能只是旋律简单、好记或因为歌手本身的特色而爆红。毫无疑问，诸如李宗盛、林夕和方文山等人，绝对是华人音乐圈里一等一的写词谱曲好手，但并非每首传颂千里的经典名曲，都得要刻意卖弄学问，在歌词中用上华丽的词藻或繁复的韵脚。

我们诚然很难复制方文山或林夕的文学素养，其实也用不着硬去模仿或攀比“大哥”李宗盛。流行音乐，反映出社会价值取向，而谈到文案写作，我们需要考虑的因素可能更多，必须把消费行为、使用体验乃至心理学、社会学等因素都收纳进来。

仔细拆解一篇吸引眼球的文案，我们会发现它的用字遣词可能很简单，却能让人一眼就留下深刻的印象。这个道理其实显而易见，因为销售、传达的重点不在于文字本身，而在于能否站在目标受众的角度去思考。

真正厉害的文案，应该要能描绘出其针对的受众心中所向往的情景，让他们在接触到文案时，就能够在脑内自动浮现一幅画面——无论文案想要传达的是某种公益理念，抑或是要销售的产品、服务。

像之前快餐业者麦当劳快餐店主打的感动营销影片“妈妈和麦当劳一起进行的秘密计划”，几位普通妈妈登场，并没有太复杂的言语和表情，却一下子抓住了大家的眼球，还让人联想到家的温暖。

麦当劳快餐店的文案很简单，只是短短写着：“妈妈和麦当劳一起进行的秘密计划……在一起是，距离再远，也无法分隔彼此。”

在这部影片中，当几位年轻的麦当劳快餐店员工看到妈妈的瞬间，立刻流下惊喜、思念的泪水，以至于最后出现破涕为笑的画面时，人们深深地将麦当劳快餐店的价值主张与品牌形象积存到心中。

大家都知道麦当劳快餐店的价值主张，就是要给顾客带来无比的欢乐。但什么是麦当劳快餐店想要传递的欢乐感呢？是“滋滋”作响的汽水泡满溢桌面，还是孩童们一边吃着汉堡、一边把玩小玩具的满足表情？抑或是员工看到亲人既惊又喜的心动感受呢？

我想，答案已经呼之欲出了。

一篇有效的文案，必须要从受众的角度切入，思考他们关心什么、在乎什么，甚至是需要什么。要知道现代人所拥有的选择太多，如果文案写作还停留在传统思维，单纯从商家的角度去思索的话，即使产品的功能规格再好、价格再优惠，恐怕都难以打动人心。

以微信、腾讯聊天（QQ）等网络服务红遍中国的腾讯公司，也是现今全球最大的游戏公司，该公司创始人马化腾便曾以“永远的产品经理”为荣，隔三岔五他就会提出一些产品的建议给自家的开发团队。他就曾公开表示：“产品经理最重要的能力，就是把自己变傻瓜。唯有当一个挑剔的用户，才能发现产品的不足。”我认为这一点跟写好文案的道理有些相通，我们唯有天天写，通过A/B 测试（A/B Testing）等方式不断针对市场反映来进行修改，才能写出让目标受众感动的文案。

总的来说，吸引人的文案，不必是长篇大论，也无须特地用让人费解的华丽词藻来装饰。文案入门的第一课，就是需要“用心”！如果要我们给文案力设计一个成功公式的话，我想那应该就是“表达力×说服力×感动力”。

想要写好文案，其实并没有想象中那么困难。打开创意思维的天线，准备好可供书写的纸笔或计算机，您我就可以开始行动了。现在，就让我们一起学习，练好表达、说服与感动人心的技巧吧！

第三节 表达力：如何靠几行字卖翻天

报纸的魅力，在于它能操纵大众的趣味和思想。

——新闻集团执行主席鲁伯特·默多克（Rupert Murdoch）

过去，很多人都在参加大学考试之后，就选择跟作文说“拜拜”。一来是摆脱升学考试的束缚，似乎没有什么动机或必要再去学习作文了；二来则是之后进入职场，除非从事和营销、企划有关的文职工作，否则似乎也不大需要再摇笔杆子了。

不过，进入“全员营销”的年代之后，这种情况已经有些改观了。如果连强大的社交媒体脸书都开始重视说故事的价值，并且不断通过新闻、影音和直播来展现内容的价值，那么我们更需要去理解文字的魅力，以及懂得如何精准地表达理念与观点。

大家都知道，文案是产品销售的利器——从各大企业官网上面的品牌故事，到购物网站上的产品说明，到处都可见文案的踪影。但您相信吗：只靠几行字，甚至只是几个字或图画的辅助，开发团队所精心设计的产品或服务就有可能深入人心。

这是如何办到的呢？写好文案的第一个元素，就是表达力。什么是表达力呢？简单来说，就是表现意念的能力。我们大多数人的说话能力是与生俱来的，从一两岁牙牙学语开始就会讲话，但良好的表达能力不是人人都拥有的，课堂上也未必会讲授，而是需要从生活中不断地模仿、学习才能提高。

根据MBA智库百科的介绍，表达力（Ability of Expression）是指一个人善于把自己的思想、情感、想法和意图等，用语言、文字、图形、表情和动作等清晰明确地表达出来，并易于让他人理解、体会和掌握。

表达能力的重要性不言自明。现在，就让我们来看看跨国租房平台爱彼迎（Airbnb）如何通过表达力来跟全世界的网友沟通吧。

2014年时，全球共享经济的代表性企业——美国短租服务公司对爱彼迎品牌进行再造，不但更换了全新的企业识别形象，也重新定义品牌，在字里行间特别强调“归属感”。他们把“People，Places，Love and Airbnb”（人、住所、爱和“爱彼迎”）融入新徽标的设计之中，也希望让用户在任何地方一看到爱彼迎，就能产生一种“家”的感觉。

美国短租服务公司的亚太区总监佩尔绍德（Julian Persaud）更指出，希望通过爱彼迎的平台让广大用户建立信任感，进而创造出特殊的旅行、居住经验。一如他们在网站上所呈现的文案：“我们拥有超过200万独一无二且广受好评的房源，不论您下次的旅程是与家人、朋友一起旅游还是出差，相信您一定会找到一个理想的家。”

在为每个旅人打造美梦的过程中，美国短租服务公司也通过网站上一个个的真实故事和客户的口碑见证，来传达他们无与伦比的价值。从该公司的案例，我们不难理解从基础的文案写作，逐步进展到一整套内容策略的设置，个中的运作逻辑都与人息息相关。

顺道一提，就在2017年3月22日上午，美国短租服务公司在上海正式发布中国区专属的品牌名称“爱彼迎”。据了解，这是从一千多个名字中层层筛选，精心选择出来的品牌名称，寓意为“让爱彼此相迎”。虽然网友多半认为拗口难听，但我还是可以肯定美国短租服务公司的用心，只不过毕竟涉及文案和品牌的沟通传达，真的还是需要多花点心力去设计。

看完美国短租服务公司的案例，我深深觉得，与过度强调销售的环节相比，自己更喜欢把文案设想、执行的过程，视为一段陪伴受众共同走过的精神旅程。成功的文案写作，固然是以卖出产品或服务为目的，但更综合反映出一个人全部的经历、专业知识，以及将这些信息诉诸文字的能力。

请再想想，前面全联福利中心的案例，为何大家看了广告就会相信“来全联买进美好生活”这句话?

奥美广告执行创意总监，也是全联广告创意的幕后推手龚大中，告诉大家“每支广告点子的设计，都经过层层过滤跟筛选”，他们不但重视创意，也会评估有无文化影响力（Culture Tension）。

写文案，首重精准的表达。文案撰写者要能切实地传达信息，才能让受众充分了解。也许因为人性的关系，我们在传递信息时多少都会加入自己的观点或价值判断。因此，当一则信息通过愈多的人传递时，难免就会愈不精确。

如何确保受众在接收信息时不被噪声所干扰，也是文案撰写者需要特别注意的地方。要知道，人们看文案的时候不只是想听听您的产品和服务，他们更想要的是信息。而重要的信息，或者我们所定义“好的内容”，将可以帮助社会大众做出明智的购买决策。

第四节 说服力：见证文案打动人心的力量

广告里最有力的元素，就是实话。

——恒美（DDB）广告公司创办人之一
威廉·伯恩巴克（William Bernbach）

您一定也同意，能够挥出制胜一击的文案，其成功关键就在于沟通与说服。沟通的质量，取决于精准到位的表达力；而能否说服他人，则需仰仗说服力。道理简单易懂，但我们又该如何做才能说服受众呢？

根据互动百科的定义，说服力（Ability of Persuasion）是指说服者巧妙地运用各种可能的说服手段（媒介），直接作用于人的五觉系统（视觉、听觉、味觉、嗅觉和触觉），进而间接地作用于人的潜意识与意识（也就是人们常说的心和脑），从而影响人的心态和思想，甚至进一步主导人的意志及改变人类行为的一个目的性很强的活动过程。

说得更简单一点儿，说服力就是一种足以驱动他人做某件事的能力。而想要对方听我们的，首先就要改变沟通的方式，然后再伺机置入我们的企图与动机，运用各种可能的说服手段，进而影响其心态并采取行动。

不过，现代人的时间很宝贵，耐心往往也很有限，没有人有兴趣听无谓的高谈阔论，必须一针见血指出痛点。我们需谨记文案是销售的推手，而首要之务就是聚焦在传达产品、服务所带来的好处，让潜在的消费者产生共鸣。

- iPod的价格并不便宜，但一次可以把一千首歌放在口袋里就很“酷”。
- 扎珀斯（Zappos）网络鞋店，买一双送三双试穿，来回免运费，可退货期长达三百六十五天。
- 正在挑战耐克（Nike）地位的安德玛（Under Armour），为何从运动员到一般大众都喜爱？一切都源于大学时代曾是体育选手的创办人凯文·普朗克（Kevin Plank）。他说：“我们单纯地只是想创造出一件让专业运动员满意的高性能服装。”

戴夫·拉克哈尼（Dave Lakhani）在《让人人都听你的19堂说服课：从里到外，你的一言一行都令人忍不住点头》[1]一书中，自创了一套“说服方程式”。他认为，掌握说服力的过程并不复杂，只有三个步

① 脸谱出版社股份有限公司2011年12月出版。

骤：取得位置、表现内容和发挥影响力。

“取得位置”的意思，就是要拉近自己和受众之间的距离，让对方建立起对自己的信任感。同时，也通过对受众定位的方式，确保他们在说服过程中可被我们影响。

要想打动人心，可以运用晓之以理、动之以情、喻之以弊、诱之以利或惧之以害等技巧。我们固然可以直接通过文案诉诸受众的生活、情感、需求与渴望，但重点是我们得先让人信服。

想想，您是比较相信有“侠医”美名的林杰梁医师谈食品卫生安全，还是愿意听信坊间来源不可靠的养生偏方呢？

而在表现内容的部分，戴夫·拉克哈尼建议大家不妨通过说故事的方式，与受众建立紧密的关联。特别是在文案撰写时，可以多着墨于大众所面临的各种困境，善用实际案例来进行解说，并明确告知能通过相关的产品或服务来解决问题或满足他们的需求。

除了多说明具体的利益和好处，我们也可提供其他人的口碑见证，这将有助于适时推进，也是许多文案高手爱用的有效加分手法。

此外，书中也提到“对心定律”（Law of Contrast），也就是先对受众提出大规模的要求，然后再视情况提出较为有限的真正需求。这种请求的手法应用了心理学的技巧，让人更愿意给予响应——通常人们在面临重要决策时，很多人都会倾向选择规模较小或轻微的决定，感觉受到的冲击或影响较小，也基本不会受到伤害。

至于发挥影响力，则是每一篇文案的终极目标。我们可以善用提供互惠、争取社会认同、主动发问、建立权威和营造稀缺性等手法来塑造影响力。当然，最高级别的影响力，当数“让对方自己说服自己”。

- 一套干式熟成牛肉汉堡包，居然索价330元？目前正在台湾师范大学EMBA进修的美福牛排馆行政总主厨陈重光为大家解开谜团，“我们卖的是技术”。
- 是的，苹果手表（Apple Watch）售价不菲，甚至比计算机还贵，但我真的需要一个好的穿戴装置来监控健康状态（也顺便展现非凡的品位与身份地位）。

有了“好的内容”，只是打造吸引眼球的文案的第一步，接下来更要善用说服力，激发受众产生共鸣并采取行动，这样才能完成文案所肩负的使命。

第五节 感动力：说个有温度、情怀的好故事

顾客是重要的创新来源。

——美国著名管理学家汤姆·彼得斯（Tom Peters）

说服和感动，有时看起来像是一体两面，远观还颇有几分相似之处，但执行起来又巧妙不同。诚然，说服具有比较多理性的成分，而感动则是以感性的诉求为主，让人在特定的场景之中感受到浓郁的情怀与舒适的温度。

在现实生活中，特别像销售消费性电子产品，有时仅凭一堆具有逻辑的信息和数据，便足以说服受众。但如果对方迟迟不买单的话，若能巧妙运用故事的力量，或可帮助我们补上临门一脚，让有些心动的人也能立刻采取行动。

大卫·奥格威在《奥格威谈广告》[①]书中曾经提到："假如大家觉得无趣，产品就不可能卖得出去。您只能靠让他们感兴趣来卖产品。"这句话一点儿都不错，唯有借助感动力的渲染，才能让社会大众对我们所欲销售的产品、服务感兴趣。

畅销书《创意黏力学》[②]的作者奇普·希思（Chip Heath）把故事比喻成我们大脑里的飞行仿真器，认为有趣的故事可以带动想象力振翅高飞。而通过说故事的方式分享，不但有助于在众人的脑海中营造一致的画面与经验，更有利于激发共鸣。

任教于美国哈佛大学学习创新实验室的德博拉·索尔（Deborah Sole）教授就曾表示，说一个好故事的关键在于情节需尽量简化，让人可以融入其中，且最好与日常生活有关——即使听众不曾经历过类似的经验，也比较容易产生共鸣。

"故事营销"的概念，近年来已经逐渐被大家所接受，而若能从自身经历说起，更能吸引受众的眼球。因为每一个人的背后，往往都有着触动人心的故事。

而故事之所以精彩，正是因为用了我们的人生去酝酿。就好像我常在文案课中分享自己和母亲使用小米手环的亲身经验。

对我来说，使用小米手环不是为了赶流行，而是想要贯彻每天坚持

① 机械工业出版社2013年8月出版。

② 大块文化出版股份有限公司2007年5月出版。

走一万步的决心；对于一个企业讲师或创业者而言，维持健康的身心是非常重要的。但同样的东西，对不同的人也有截然不同的意义。对母亲而言，小米手环带给她的最大好处并不在于健康照护，而是通过蓝牙与智能手机的同步联机机制，从此再也不用担心会漏接亲友的来电了。

每次只要一提起这个故事，我发现台下的学生们都是聚精会神地听，不时露出会心一笑。我想，这并非是自己的演讲技巧有多么高超，而是通过真实案例的分享，让大家很轻易地就能理解诸如小米手环这样小巧的穿戴式装置可以带给人们的具体好处。

谈到用故事来营造感动力，动画或电影公司无疑是个中好手。像曾推出《海底总动员》《超人总动员》和《美食总动员》等脍炙人口的动画作品的皮克斯动画工作室（Pixar Animation Studios），您一定有印象吧。他们所出品的每一部动画不但卖座，还能赚人热泪，并引发全球影视文化的浪潮。

2011年时，任职于这家美国动画工作室的一位资深剧作家埃玛·科茨（Emma Coats）曾在社交媒体推特（Twitter）上发表《说故事的22条法则》，一时之间引起很大的回响。虽然这份文件并非出自皮克斯官方，但许多人认为它是该公司动画故事吸引人心的神奇调料。

有兴趣的读者朋友，可以上埃玛·科茨的博客浏览完整的22条法则。在这里，我摘录几则跟大家分享：

● 您为什么要说这个故事？这个故事有何特殊之处让您的内心澎

湃、兴奋不已呢？请记得这份感动，这就是故事的核心。

- 时时刻刻谨记，要去理解观众对什么感兴趣，而不是您想要表达什么。
- 故事的核心是什么？可以用最精简的方式表达吗？如果您已经有了答案，就从这里开始吧。

大家都喜欢听故事，但并不是每个人都能够说出直指人心的好故事。还好，在真诚待人的前提之下，我们都有感动他人的能力，更可喜可贺的是——说故事的技巧，其实是可以练习的。我们将在后续的章节中，继续讲解如何运用说故事的诀窍来撰写有效的文案。

第三章

奠定“文案力”的市场定位

第一节 界定您的目标受众

您如果想创造一个好的产品，请锁定一个人为目标客户，并确定那个人得到最棒的体验。

——美国短租服务公司创办人布莱恩·切斯基（Brian Chesky）

如果您有一些正在创业或做营销的朋友，或者您本身就从事产品开发或业务销售的相关工作，一定常有机会听到"TA"这个关键词吧。说不定，您时常就把这个字眼挂在嘴边。

到底什么是"TA"呢？"TA"是Target Audience的缩写，翻译成中文也就是"目标观众"或"目标受众"的意思。维基百科告诉我们，目标受众又称目标顾客、目标群体和目标客群，是一个营销活动中被列为沟通目标的特定人群。

这里所提到的营销活动，主要是指推销某产品或服务的宣传活动，但也可以是政治竞选活动或其他宣传活动。而常见的目标受众，可依照年纪、性别和地域来划分，也可以包括几个不同的人群，比如，所有20到30岁的未婚男性或喜欢到日本旅游的女性上班族等。

或许，您也会有这样的疑问：为什么在撰写文案之前要先界定目标受众呢？不是越多人看到我们的广告文案就越好吗？何苦要画地为牢呢？又会有这样的疑问：是不是只要没有广告预算的限制，就可以把市场上所有的人都列为营销的对象呢？

就像我们在第一章所谈到的，很多人对于文案写作仍有一些误解或迷惑，比如错把全世界的人都列为目标群体，再用脸书广告、关键词广告等营销资源狂轰滥炸一番，就认为可以收到效果；或误以为在文案中塞满了眼花缭乱的让利、好处，就能让人产生一种物超所值的感觉，进而采取行动。

但是，真实的世界并没有这么单纯。您真的了解真正的目标受众是哪些人吗？他们在乎、想要的又是什么呢？而贵公司辛苦研发的产品，在他们心中的地位又是如何呢？

我觉得之初创投（AppWorks）合伙人林之晨的比喻很贴切，他把设定目标受众这件事，比喻为一个“浓度”的问题——当您对准了一群购买意愿很高的客户，营销工作将会事半功倍。

他也举例，在曾经辅导过的一百多个团队中，目标受众设定最精准的莫过于妈妈购（Mamibuy），也因为锁定了这群有很多问题亟待被解决且具有高消费意愿的初为父母者，所以让妈妈购这个号称最多妈妈分享的亲子平台的业绩成长飞快，其关注者专页“妈妈购—新爸妈劝购团”更拥有20万名的关注者点“赞”，也俨然成为许多爸妈获取亲子购物信息的交流社区。

嗯，现在让我们继续把焦点转回到文案上。

能让人看了就忍不住采取行动的文案，也许可归功于撰稿者拥有好文采，或事前功课做得充足，援引了许多令人信服的有力数据、口碑见证。但是在我看来，这些文案的背后，通常都有个一致的原则，那就是——懂得从对方的立场出发，客观看待市场变化的发展脉络。

要知道，光是提出产品的功能、特色还不够，顾客往往不会因为这些因素而轻易认同或被说服，我们还得设法找出产品、服务本身的主要卖点，也就是广告营销学所提到的“独特销售主张”（Unique Selling Proposition）。

这是由美国达彼思广告公司的前董事长罗瑟·瑞夫斯（Rosser Reeves）在20世纪50年代首倡的构想。他认为，广告必须引发消费者的认同，营销团队得要侧重于对产品的聚焦。

而这个主张，需要具备以下三个要点：一是利益承诺，强调产品有哪些具体的特殊功效和能给消费者提供哪些实际利益；二是独特，这是竞争对手无法提出或没有提出的；三是强而有力的诉求，要做到诉求集中，是消费者会很关注的信息。

从茫茫人海中锁定我们想要沟通的目标群体很重要，而聆听顾客的声音更显关键。因为无论是文案撰写者或营销人员，很难单凭想象的方式去猜测或理解顾客对于某项特定产品的具体需求，以及在市场推出相关服务之后，又会遇到哪些瓶颈或考验。

因此，在这段过程中，我们必须不断地与某一群特定对象进行对话，借以了解其真正需求，以及环绕这项产品所衍生的各种问题、想法。这时，若能对“用户轮廓”进行分析，将有助于获得解答。而所谓的“用户轮廓”“用户画像”或“人物志”，其实谈的都是同一件事，也就是形象（Persona）。

根据维基百科的介绍，这是一种在营销规划或商业设计上描绘目标用户的方法，经常有多种组合，方便规划者用来分析并设定其针对不同用户类型所开展的策略。

传统的市场细分（Market Segmentation），主要是为了有效地配置营销资源、拟定营销目标及创造营销优势。而在掌握目标受众的年龄、职业、性别或居住地等基本信息之后，若能再通过对用户轮廓等工具进行分析，便可进一步了解他们的行为、动机，对于挖掘真实需求有极大的帮助。如此一来，不但有助于厘清受众的行为模式，更能在研究、调查的过程中确保客观性。

好比如果有一家公司想切入成熟市场，计划针对老年人或残疾人推出接送服务，就必须把相关的解决方案与配套措施推销给目标受众：一来让有需要的人可以用得安心、舒适，二来也让有长辈或行动不便者的家庭（通常也是真正付费的群体）萌生“我们需要这项服务”的念头。

以创立于2009年的多扶公司为例，创办人许佐夫因为7年前帮外婆申请康复汽车接送时感到极度不便，触发他产生创业的动机，以单趟接送仅收新台币500元的低廉价格切入市场，形成高度的竞争力。

多扶公司之所以能够获得市场好评，不仅因为低价策略奏效，在很多细节上的追求，更是他们胜出的关键。举例来说，许佐夫在自家的官网上，便以“一个儿子带着坐轮椅的老爸爸搭车，开车途中突然闻到尿味”的真实案例，具体说明多扶公司如何实践“顾客至上”的服务精神，也借机凸显该公司与其他经营者的不同之处。

从文案写作的角度来看，多扶公司很清楚地指出，台湾地区目前的无障碍空间、设施还不够完善，然而人们不该受到这些障碍的限制。他们打出“有爱无碍，悠游自在”的口号，不但很能贴近这个市场的现状，也符合目标受众的切身需求。

而通过官网上事无巨细的说明，更让人可以清楚理解多扶公司想要解决“孕、幼、老、弱”人群的交通问题，让行动不便者能够自主掌握“行的需求”。这样借助于文字形成的温馨诉求，很自然就能在大众心中产生好感并形成一种品牌形象。

第二节　与潜在顾客产生共鸣

“我的人生从来没有一天不做营销工作，如果我相信一件事，我会推销它，而且我会努力推销。”

——雅诗兰黛化妆品公司创办人雅诗·兰黛（Estée Lauder）

如果您最近常逛书店的话，一定不难发现书架上出现了好几本专门“教人说话”的新书——不管是翻译书或本地作者的著作，也无论是从业务销售的角度出发，还是基于学术理论的探讨，看到这些书大量被传播，足以说明社会大众对于沟通、传达的需求甚殷，也凸显人际对话的重要性。

大家都知道，营销的目的无非是找到对的客户，进而赚取金额；但是，要想让顾客为您的产品付钱，其实并不是一件很容易的事。

让潜在顾客产生共鸣，是许多营销人梦寐以求的事，而最简单、直接的做法，就是深入观察、了解这些人的起居作息与生活习惯，并从中寻找切入点。唯有设法牢牢抓住目标受众的需求和隐忧（潜在需求），才能让人愿意静下心来倾听，而不至于被外界形形色色的新信息吸引。

如此一来，才有机会与他们开启对话并产生共鸣。

近年来，台湾地区有很多杰出的新创团队陆续成立。其中，面向全球的社交求职网站——跨境工作（mit.Jobs），就是由林昶聿和蔡姿旭这两位具有海外工作经验的年轻夫妻创立的。

他们的创业理念很简单、明确，就是希望可以帮更多人一圆到海外发展的梦想。跨境工作网站有一句很棒的标语“让全世界一起帮你找工作”，贴切地传达了该网站的特色。创立至今，通过该公司所提供的海外职业顾问服务，已经帮许多有志于海外求职的年轻人找到了理想的工作机会。

这家网络公司的共同创办人蔡姿旭（Lily Tsai）之前曾听过我的文案课。因为创业的关系，她常需要对外介绍自家的服务，以寻求受关注的机会。而因应营销、宣传等需求所撰写的各式文案，更是不在话下。

她学习文案写作的经验很值得参考，征得她的同意之后，特别摘录她的一段文案跟大家分享：

“之前常常为了营销文案忙到半夜三更，却总是写不出一段吸引人的文案。当我知道郑纬筌老师开有文案写作的课程，马上二话不说，报名参加！在这四堂课里，借由老师的作业，把公司的网络文字宣传、媒体新闻稿、线下活动稿及每周的招聘宣传报都一并完成。

“目前，自己在写作上还有努力空间，但是也已经掌握一些写作重点，好比，第一段就要传递重要的信息，要知道读者是谁，以及想要取得什么效果。当你发现，读者跟你有所共鸣的时候，你就会想一直写下去。”

蔡姿旭说得很好，文案撰写的确需要掌握重点，不只说明产品的特性，更要说出潜在顾客心中的话。当读者跟我们有所共鸣的时候，自然就会想一直写下去，想要跟对方分享心中的感触与理念。

是的，我们都要学会用文案讲重点，说大家想听的话。如此一来，自然就容易用大家都感兴趣的话题，与潜在顾客产生联结。

那么，要如何与潜在顾客产生共鸣呢？我们不妨再看看跨境工作公司的做法。

基本上，会从茫茫网海中发现跨境工作网站，进而使用其服务的客户，一开始未必全都对跨境工作网站感兴趣，或认同这个品牌，只有本身就在找工作（或有相关需求），甚至是有志想站在国际舞台上的人才会十分感兴趣。

但如果林昶聿和蔡姿旭这对人生与事业的好伙伴，只是一味畅谈他们所提供的创业理念或服务项目，却受限于新创团队的资源有限、品牌不够知名，便很难敌得过其他猎头或人力规划服务等竞争对手了。

所以，曾旅居新加坡、澳洲的蔡姿旭，就运用说故事的方式，在网站上写下一篇篇文章，分享她过去在海外求职的亲身经历——特别是2008年的时候，因为受到金融风暴的牵连而找不到工作时的心情，更能取得大众的共鸣。

两位创办人大方地在网站上分享自身经验，更经常参加创业讲座，如实传达创立跨境工作公司的愿景和理念——不但借此凸显他们希冀打破传统人力规划服务“信息不对称”的做法，也向目标受众传达出想要成为一个“可以服务求职者，而不是只有服务雇主”的网站。

对了，在这里要提醒大家，在设法与目标受众产生共鸣时，要特别注意一点，不要只是强调功能性的优点，也要诉诸情感层面的利益、好处，如使用体验、安心感或优越性等难以量化的部分，更要留意或多加着墨。

虽然有一句开玩笑的话说：“好的老板跟你谈钱，坏的老板跟你谈理想。”毕竟以找工作这件事来说，工作地点、薪水或员工福利固然很重要，但主管与同事们的个性如何、好不好相处、有没有发展性，或者到海外求职有无其他“附加价值”等因素，也同样是求职者所在意的重点。

第三节　从需求与困扰中探寻商机

平凡与非凡的差别，就差在多出来的那一点点。

——美国迈阿密海豚、达拉斯牛仔橄榄球队总教练

吉米·强森（Jimmy Johnson）

出生于美国密歇根州底特律市的乔·吉拉德（Joe Girard）是《吉尼斯世界纪录大全》认可的全球最成功的推销员，从1963年至1978年，他总共推销出13001辆雪佛兰汽车，可说是成绩斐然。

这位被外界誉为“全世界最伟大的销售员”用他的亲身体验告诉我们，成功绝非侥幸。乔·吉拉德有一句名言：“如果你想要把东西卖给某人，你就应该尽自己的力量去收集他与你生意有关的情报。”

即使销售汽车这件事并不困难，但乔·吉拉德还是很勤奋地建立顾客档案，而且从来不假他人之手。

乔·吉拉德还提到，在建立顾客数据库的时候，要记录有关潜在顾客的所有信息——不只是对于轿车的用途和喜好，更要连他们的年纪、兴趣、工作经历、文化背景和家庭成员等都要翔实记载。简单来说，任何与客户有关的事情，都会是未来派得上用场的重要资料。

乔·吉拉德认为，在与这些潜在顾客互动的过程中，若能将他们所提过的信息都记录下来，便能从蛛丝马迹之中解读客户的需求或困扰，进而提供有效的建议或解决方案。

比方说，原本有位中年妇女想买台白色的福特轿车，送给自己当作生日礼物，但福特公司的业务员因为这位女士穿着朴素而误认为她买不起车，便有意冷落。乔·吉拉德知道后，不但赠送这位女士一束鲜花，还亲自帮她庆祝生日，并成功打动她转而买下具有时尚感的白色雪佛兰轿车。

换句话说，如果我们可以明确地掌握目标受众的需求，或知道那些困扰他们的事由，自然就会知道商机所在，也比较清楚可以从何处切入。业务销售可以这样操作，想要写出有效的推销文案亦然。

从消费者的立场来看，我们都知道，光是产品、服务本身好，还不足以吸引人采取行动；唯有超乎预期，或真正是顾客所需要的东西，才能实现销售。如果不具备让人强烈想要拥有或支持的特点，即使有再多的功能，这样的产品也很容易就被竞争激烈的市场淘汰。

深入了解目标受众的需求或困扰，也有助于理解目标受众的个性。如果这个潜在顾客比较理性，重视具体的利益，那么我们就要在文案中多引用一些科学根据或有力的数据来佐证。倘若要针对讲求感觉或氛围的客户来沟通，那么就不妨多从情感层面来进行诉求。

举例来说，如果您要创业卖手工皂，除了强调环保与洗净功效之外，还可以多说说自己和手工皂之间的小故事，或者跟大家谈谈制作手工皂过程中的某些特殊经历。这样，就能够和市面上的产品产生差异化，也可打动人心。

但假设您要卖笔记本电脑或智能手机等消费性电子产品，那么在产品文案中所提到的利益、好处，就要尽量具体化或量化（比方价格、规格等），也不妨善用权威认证（好比得奖记录、评鉴分数）的力量。

文案撰写的重点，在于完整呈现产品、服务的概念，要把最吸引目标受众的利益或独特销售主张写出来，也要注意使用场景的搭配。

同样的一份文案，每个人读过的感受都不尽相同，大家会对什么感到心动也是因人而异。所以，我们在撰写文案时也要根据不同的对象，以及他们不同的需求或困扰来着手。

比方说，您要出售叶黄素或维生素等保健品，就得先弄清楚目标客户是哪些人？消费主力是一般的上班族吗？还是针对学龄儿童或老年人？而使用的场景又为何？这些健康食品是在上班时间食用吗？还是在家随早、晚餐服用呢？一天要吃几颗比较好呢？多吃会不会有害？

随着得到答案的不同，我们在揣摩文案撰写的角度和重点时，也会有所差异。

又好比我常在课堂上拿来举例的小米手环，最近推出了第二代产品，也增加了很多实用的新功能。但万变不离其宗，小米手环的出发点就是帮大家搜集数据，对身心健康把关。

从这个角度来进行判断，就不难理解主要的目标受众是那些重视健康的上班族，而次要的客户才是中老年人或其他阶层的用户。至于最能享受利益的场景，则不外是日常生活所触及的环境。回过头，我们再去看看小米手环的官网，相信您也可以发现一些有趣的线索。

在清楚地掌握了这些脉络之后，我们自然能够归纳、整理产品的概念，并写出最能吸引顾客的利益与销售主张。

第四节　说顾客想听的，而非自己想说的

不管你是卖汉堡包或卖计算机，其实我们都在服务客户。我们共同的目标，就是每天必须超乎客户的预期。

——温迪汉堡创办人戴夫·托马斯（Dave Thomas）

我们都知道，写文案或投放广告，都是运用营销手法把东西卖给别人的一种策略。不过，很多人还是习惯从自己的角度出发，而不懂得“换位思考”的重要性，更难以设身处地，从对方的立场来思考。

很多人更是常感到苦恼：“明明我们公司的某某产品这么棒，价格也很合理，为何客户还是不喜欢呢？”

道理其实很简单，因为即使文案写得再漂亮，若未能获得潜在顾客的认同也是枉然。更何况，就算大家觉得这个东西的质量好，也未必能让人有了立刻需要购买的动机。

《孙子·谋攻篇》云：“知己知彼，百战不殆；不知彼而知己，一胜一负；不知彼，不知己，每战必殆。”

倘若大家只顾着写出天花乱坠般的宣传文案，只求把自家的产品、服务销售出去，却忽略了消费者的感受，而不去理会对方是否真的需要它，甚至也不多思索目标受众使用的动机、场景为何，那么，即使一时之间侥幸达到业绩目标，长远来看，又怎能做到“知己知彼”呢?

也许您想要发问，那什么才是“好文案”？要怎么做才正确?对每个人来说，也许答案并不尽相同，有的人格外注重成效和转换率，但也有人在乎情感层面的感受，希望文案是有温度的媒介；又或者两者兼具，一如当年李欣频小姐帮诚品书店所写的一系列文案——既传达了具有文化底蕴的品牌形象，又能够吸引大批文艺青年前往朝圣和消费。

关于这个问题，我的文案课学生，也是“易生姓名学”的创办人洪浩伦说得坦率:“答案很简单，只要顾客看完你的文案会下单，那就是好文案。”

要写出“让人看完就立刻下单”的厉害文案，个中自然有很多的细节和诀窍，但倘若我们无法通过文字的力量来彰显产品的独特销售主张，或不能营造出一种让人想要继续往下看的冲动……那么，即使文案写得再优美，也无法产生具体的价值，一切都是白费工夫。

如果您问我在写文案之前，有哪些前置作业需要做?我想，前提就是要弄清楚自家产品、服务的特性，同时也要对目标受众的需求和不明之处了然于心吧。

在过往教文案课的经历中，倘若要我列出一个“文案写作常见问题”的排行榜，除了“文笔不好”这个时常困扰大家的问题外，也不时会有学生问我:“老师，明明我们公司的产品很棒，我也有很多的创意，可是怎么就不知道要怎么下笔呢？”

嗯，通常会有类似的疑问，这表示您对自家的产品还没有足够的把握。若不是不够熟悉其功能、特色和卖点，那就是对市场定位、细分或潜在消费者的理解还不到位，所以才会顿生“提笔千斤重”之感。

在文案撰写的过程中，不少人常武断（也自以为出自好意）地帮目标受众做决定，或习惯以自我为本位来进行思考。以往我在帮企业做内部训练或提供顾问咨询时，常见到这种情况。如果我们只顾着写自己感兴趣的功能、规格或利益，却不愿意花一点心力从消费者的角度来进行思考，自然就容易招致失败。

我有一位住在新竹市的朋友罗正东，大家都叫他“东东”。他自诩为“计算机职人”，过去曾任职于新竹科学工业园区内的半导体公司，近年来专门提供计算机销售、维修、教学与咨询等相关服务。

“东东”告诉我，很多业者在销售计算机时都强调售后服务，比如苹果公司还推出所费不菲的“Apple Care”（苹果公司延长保修服务）。但根据他多年的销售经验，以及整合几位在NOVA卖场卖计算机的业务员的看法，通常只有时常需要带笔记本电脑出国的客户，才会特别关心在国外的维修是否方便。

想想也有道理。其实，现在的计算机故障概率已经大幅降低了，也很少有客户在买计算机时会主动关心售后服务。购买计算机设备时，大家第一个想到的，不外乎品牌、造型、价格，还有规格。

所以，我要给大家一个建议，请快快收起诸如“我以为”“我觉得”或“我是为你好”等片面的、不成熟的想法，而要多关心目标受众的需求，说说顾客真正想听的意见吧！

我以一个实际的案例来说明。网络圈名人——“486”（团购网）的陈延昶是我的小学同学，他也是被商业周刊社认证的超级团购王。在短短8年内，他就卖出了超过6万台的智能吸尘器，在台湾地区几乎每3台智能吸尘器之中，就有一台是由他开设的公司经手卖出的。

探究“强者我同学”的成功关键，可以发现他卖智能吸尘器的初衷，其实最早是为了帮不爱做家务的老婆寻求省事的方法。而这种帮婆婆、妈妈们解决做家务的困扰的动机，却意外为他打下一片事业的江山。

根据商业周刊记者的报道，陈延昶从不轻易推荐产品，也不写收费的广告植入文，只有亲自使用之后觉得好用的产品，才愿意跟大家分享。他特别喜欢倾听顾客的心声，也格外重视客户的诉求问题。从解决生活问题的角度出发，这些年来从无到有，一点一滴打造“486”的品牌形象，也争取到社会大众（特别是家庭主妇们）对他的认同。

在“486”的博客里，可以发现不少有关各品牌智能吸尘器的文章，仔细阅读便可以发现他不只是着墨于产品本身的特性与价格，更谈到许多在真正使用之后才会发现的细节。甚至，他还曾在拜访厂商的过程中，跟原厂工程师提出产品开发的建议。

综观“486”的博客文章，可以发现他很擅长用平实的文字来说故事，不但容易让人留下深刻的印象，更因博客的特性而易于口耳相传。他不但说出了顾客想听的重点，更帮助顾客向原厂传达所在乎的事情、争取权益，也难怪这几年的销售业绩扶摇直上。

"486"并没有运用太多的宣传技巧，但从字里行间看得出一个身为人父的中年男子对于亲情的眷恋，以及对提高家庭生活质量的坚持。我想，诚恳地说出顾客想听的重点，无疑就是"486"的制胜关键。而这一点，也是值得我们学习的地方。

第四章

表达力：文案如何协助营销

第一节 建立文案的内容策略

抓住时机并快速进行决策，是现代企业成功的关键。

——美国斯坦福大学教授凯瑟琳·艾森哈特（Kathleen M. Eisenhardt）

读完本书的前面三章，我想如果现在跟朋友谈起文案的功能，您应该已经很有概念了——从一般产品包装上的说明、便利商店的店头海报到购物网站上的登录页，都不难理解文案对于辅助销售或沟通传达的重要性。

提到产品、服务的开发与运营，也许大家都能理解这并非是一件容易的事，个中也有许多需要注意的细节。但是，到底什么是“内容运营”呢？又为何撰写文案也需要理解内容经营与营销，甚至要为自己公司的产品拟定内容运营策略呢？

何谓“内容运营”？事实上，这并没有标准答案。但我们不妨以网络产业为例，看看“内容运营”是怎么一回事？

简单来说，内容运营是由核心的团队成员事先拟定一套缜密的策略，并通过创作、企划、编辑与组织等流程来铺陈、展现独特的内容。

经由图文、影音等媒介的传播，与目标受众或潜在消费者进行对话，进而提升用户黏度和留存率，如期望的那样切实提升企业的产品或服务的产出价值。

换言之，内容的创作、策划、组织与呈现方式，以及其质量、数量与产出周期，都可能会左右内容运营的成败，也会对产品、服务的经营产生关键性的影响。内容运营的范畴甚广，不再只停留在文案写作、官网建设或关注者专页经营的层面，而需要从更高的角度鸟瞰，才能够“见树又见林”。

内容运营的重点，首先要制定一套缜密且有效的内容策略。而根据脑传输（Brain Traffic）公司总裁兼创办人克里斯蒂娜·哈沃森（Kristina Halvorson）的说法，内容策略（Content Strategy）是关于有用、可用内容的创造、消费和管理的一系列计划。

通过内容策略的制定，不仅能帮助我们了解内容的特性，还可以得知究竟哪些内容是我们所需要的，并让大家清楚地意识到为何需要这些内容。

弄清了内容运营和内容策略的定义之后，接下来让我们来谈谈这些精心打造的内容，究竟要传递给哪些人？就像我之前在文案写作课上常跟同学提到的，身为老板或创业者，可能都会希望自己呕心沥血写出来的文案，能够被全中国，乃至全世界的人广为传颂——但是您知道，如果真的要这样做，不但需要花费很高的成本和广告预算，而且就销售动机与目的来说，似乎也没有这个必要。

试想，如果您经营一家亲子购物网站，那么主要锁定的客户群就应该是家中有宝宝的爸爸、妈妈们，而非一般的大学生或上班族。若您是一位酷爱旅游的“部落客”，那么就必须针对同样喜欢行走天涯的读者们设计内容，在博客或脸书关注者专页写下一篇又一篇令人心生向往的旅游图文纪事。让人看了图文并茂的内容之后，就萌生一种立刻想要上网订机票和旅馆的冲动。

再举个例子，您一定曾在街头收到各式各样的广告传单吧？但您可知道，想要把传单发得又快又有效，也是有技巧的！我曾观察过有些发送传单的工读生，除了本身有礼貌和亲和力之外，还会事先过滤对象，并非逢人就发，而是锁定潜在消费者才出手发送。若再加上送些面纸、便利贴等小礼物来笼络，可能就会更让人愿意花几秒时间浏览传单的内容，这一点就相当厉害。

好比说，若我们要跟月收入仅有2.2万元的年轻上班族推销动辄上千万的房地产，这无异于缘木求鱼；同样地，如果要针对中年人或老年人宣传网络交友服务，可能效果也不会很好（除非经营者事先进行市场细分与定位，强调是为中年人所设计的交友服务）。

内容运营的涉及面甚广，这一系列的步骤是从内容的搜集、创作开始，逐步进展到策划、呈现，再到沟通、传播，最后才能进入成效的检核与评估。在这个循环中，内容策略的制定是最重要的，而主要的重点就在于适得其所，把对的内容传递给对的人群，如此方能各取所需，也能取得相得益彰之成效。

与其写出美丽的文案，不如设计让人怦然心动的内容才更为关键。因此，要想有效地表达文案内容，首先就是要确定“交心”的对象，进而为这群人设计明确的内容策略。以大家所熟悉的网络购物领域来说，最近流行的“内容电商”便是巧妙运用内容的力量协助进行流程的优化。

亚马逊的总裁贝佐斯（Jeff Bezos）也曾说过：“不要将精力花在观察对手做什么上，唯有专注理解顾客的各种需求，才能持续精确跟进用户体验，进而让来自世界各地的顾客在愉悦的购物体验中感到满意。”

峰瑞资本早期项目负责人黄海便指出，常见的“内容电商”可分为两种，一种是非人格化的内容，像图片、文章或一些导购的影音、社区；另一种则是人格化的内容，也就是所谓的“网红”。但是，并非在购物网站上放置一些美女图、影音短片、笑话或“部落客”的导购文章，就能够激发消费者的购物欲望。内容必须与消费场景或顾客有所关联，才能让人怦然心动。

换个角度来看，真正厉害的运营高手，就是有能耐让原本没有明确购物计划的消费者在逛购物网站的时候，莫名产生一种购物冲动，并迅速地下单，完成整个交易行为。对经营团队而言，唯有好的内容才能够直指人心，让人产生共鸣、留下深刻的印象。话说回来，这也才是制定内容策略之后所体现的核心价值。

现在，您应该已可理解文案表达与内容策略的关联性，接下来我们将进入本章的重点，开始跟大家谈谈文案写作的技巧与注意事项。

第二节　不同类型文案的写作技巧

顾客，是重要的创新来源。

——美国著名管理学家汤姆·彼得斯（Tom Peters）

我在给学生上文案课的时候，都会教他们遵守“停、看、听”的原则。其意思是，当您接到撰写一篇文案的指令时，先不急着打开计算机、挥笔疾书，在此之前请先停下手边的工作，仔细思考一番。其目的，除了可以帮助自己静下心来，也有先弄清楚自己的内容是写给谁看的用意。之后，再多方搜集资料，多看、多听来自当今市场与客户的各种声音。如此一来，就能针对潜在的顾客设计出明确的内容策略。

谈到内容的体裁、形式，先不论刊载在平面还是电子媒介上，如果我们单以篇幅的长短来看，那么市面上常可见到的内容，由短到长大致可区分为：标语（Slogan）、短文案、长文案与一般性质的专栏、文章与故事等。

文案的篇幅和类型不同，需要注意的地方多少会有些差异。像常见的标语或口号，就特别容易在政治、社会、商业、军事或宗教等领域派上用场。而这种容易记忆的格言或者宣传短句，主要用以反复表达一个概念或目标为主。好比现在一想到“想象力是你的超能力”，您的脑海里是否就会浮现起那只可爱的蜡笔奶油狮呢？甚至，还会跟着哼主题曲？而一想到“现点现做，美味到桌”的标语，不用多想就知道这是摩斯汉堡在前阵子所推出的宣传短句。

至于短文案，通常长度比标语来得长一些，但又不像长篇文案那样面面俱到。外界赋予短文案的使命，就是一肩挑起文意需浅显易懂，又要让顾客一眼便可明了产品利益与消费诉求的双重任务。简单来说，字字珠玑的短文案，最重要的任务就是要用短小精悍的文字，营造一幅能让受众感动并将自我投入其中的画面。

举例来说，创立于2006年6月的掌生谷粒粮商号，是一个销售“台湾生活风格”农产品的品牌。我对他们旗下有一款名为“王大哥的山水”的春茶特别有印象，上头的文案是这么写的：

“是哪一天、哪件事让王大哥回到土地上，我没有问。我们煮着热水，用一个简单的白瓷壶泡茶，一座台湾地区的高山流水就在我手执的杯中。”

瞧，掌生谷粒粮商号的这段产品文案，是不是既有几分文艺青年般的诗意，又点出了台湾地区本土农产品品牌的浓郁特色？

一般而言，撰写产品文案需要注意以下几点：告知产品给顾客带来的利益、阐述自家产品或服务的独特优势、凸显与竞争者之间的差异、提供令人惊艳的印象，以及提出行动呼吁，带动持续消费的意愿等。

长、短文案除篇幅的不同外，在使用时机上也略有区别：观察一些常出现在我们生活中的产品，在宣传的时候似乎比较偏好运用短文案；这是因为不需要过多的解说，且产品往往只有小小的利益点。当经营者想提高该品牌的偏好度时，便可巧妙运用短文案来刺激社会大众。

当然，文案写作的技巧，也会因内容形式、主题的不同而略有殊异。请先设想您的上下文属性与目的，再根据产品价值、利益来进行细分，并设计出独特的行动召唤模式。

一般而言，需要解说的产品（特别是刚问世的新产品）或高价位产品，通常会使用长文案，借此建立目标受众对新产品的需求，也容易鼓动潜在消费者直接采取行动。

的确，在撰写长文案的时候不但比较耗费心神，需要考虑的环节也的确会比较多。我通常会建议上文案课的同学，有空可以到书店翻翻《天下》《商业周刊》或《数字时代》等商业杂志，除了关注最新趋势和产品动态外，这些杂志上头也不时会有一些不错的范例（广告文案）可资参考。

内容形式的选择，不只是从篇幅和体裁来论断，更可以从属性和目的来区分。比方诸多企业官网上常见的品牌故事或愿景宣言、运营理念等，就和一般的产品文案有些不同。而像在全球颇具知名度的台湾高级瓷器法蓝瓷公司，就在官网上提到他们以“仁”为品牌哲学、以人为本，师法中国传统“敬天爱物”的观念，重视天地万物与人之间的情感与互动，强调好人好事之企业精神。

好比国内信誉卓著的大陆工程建设公司，其企业使命则是：经由不断追求企业之卓越，并提供高质量与专业之服务，致力于成为亚洲地区营建工程产业之领先企业。而其经营理念，则是以服务顾客为尊，以提升专业为荣和以创造价值为念。初次接触，也许会觉得这类的文章读起来有些严肃、“八股”，但无庸讳言，这类的文章也彰显了每家企业的特色与本质。

每每说到文案写作，好像大家常会有些误解，以为一定要写得文诌诌的，或者必须堆砌大量的华丽词藻，才能彰显文案撰写者的厉害之处。

在这里，我愿不厌其烦地再次提醒大家，好文案无须堆砌华丽词藻，更不见得需要“文笔好”。这是因为文案并不完全等同于文学创作，所以即使文案写得优美，也未必就能直指人心，或让人愿意听从召唤而采取行动。

就好像耐人寻味的流行音乐，也有很多的风格，如果您是音乐创作者，也不必每一首都要刻意学习“五月天”、周杰伦和方文山的做法；设法找到属于自己的风格，再跟乐迷说一个好故事，反而比较重要。

再举个例子，大约在六七年前，从日本漂洋过海而来的达亦多咖啡，其经营者曾以说故事的手法，推出一系列的广告文案，比如，“在薪水还没减肥前，减糖吧。”“面对主考官，拿出笑容前，先拿铁。”“当脑袋变为白的，就把黑的倒进肚子里。”等等。

这一系列的广告，巧妙地把咖啡的特性融入文案之中，企图传达出一种上班族自得其乐（或者自怨自艾）的生活哲学，也希望借此获得消费者的共鸣，并强化达亦多咖啡的品牌形象。

乍看之下，达亦多的广告文案和全联福利中心之前所推出的“全联经济美学”系列广告，颇有几分异曲同工之妙：同样都从年轻人的角度切入，并设计出很酷的标语。

但我怀疑，这两者的效果可能会有些差距。全联福利中心的形象早已深入人心，而从2015年开始主打的“全联经济美学”系列广告，也成功地营造了一种反差，吸引了年轻人的目光。

反观达亦多这一系列的广告文案，虽然读起来颇有几分新意，也曾获得第三十二届时报广告金像奖“平面类饮料项银像奖”“技术类（平面）文案奖银像奖”等奖项的肯定，但我认为——如果广告文案只能获得评审或专业人士的青睐，而难以进入社会大众的视野，那么就失去了苦心撰写内容的用意，以及传达、沟通的效果了。

文案内容之所以需要精雕细琢，因为它不是一般的文学创作，虽然还谈不上“文以载道”，但也因为承载了经营者的营销动机与企图，所以必须注意使用场景与若干细节。

因此，我们要想写出让人怦然心动的宣传文案内容，除了文句要浅显易懂、朗朗上口外，还得注意字里行间所隐含的脉络、逻辑——是否能精准传达，或做到前后呼应。

理想的文案，要能有效提升目标客户的感知，故而必须先厘清产品的独特销售主张（Unique Selling Proposition），再拟定出相应的内容策略，然后再根据顾客的需求与喜欢的形式来进行撰写。至于要走专业路线，或用诙谐幽默的笔触，则需视市场定位和产品属性而定，并没有标准答案。

如果贵公司或团队时常需要对外宣传、广告，偏偏营销或广告预算又很有限的话，我会建议：请先好好规划和建设自家的官网，好好书写品牌故事和整理一些常见问答集，同时擅长书写博客、经营脸书关注者专页等方式对外宣传，这也是一种内容营销的好方法。

同样地，如果大家需要着手撰写各种产品、服务的宣传文件，也请记得以上提到的这些原则。请谨记，好的创意固然重要，但若无法实现内容本身所被赋予的沟通或营销目标，也是白搭。亲爱的朋友，请您千万别本末倒置，只顾着学习一些华而不实的写作技巧；要知道，这些技巧倘若派不上用场，那么一切都是枉然的。

第三节 文案布局与标题拟定

三流的点子加一流的执行力，永远比一流的点子加三流的执行力更好。

——日本软件银行集团创办人孙正义

在开始谈文案的布局与标题的拟定技巧之前，让我们先来快速地复习一下与文案有关的信息吧！

如果现在问您："什么是文案呢？可以简单回答吗？"嗯，是否胸有成竹呢？如果这个问题要我回答的话，我会说："文案写作，其实是厂商与消费者共伴的一段精神旅程。"

成功的文案写作，自然是以卖出产品或服务为目的，综合反映出写作者全部的经历、专业知识，以及将这些信息形成文字的能力。换言之，通常能够打动受众的某个场景（例如：使用微信钱包来支付"得到"手机客户端的订阅付费内容、使用某个上门收件洗衣的服务来省下洗衣服的宝贵时间），背后都有其商业逻辑。

就像盖房子之前，我们需要先有一张完整的建设蓝图，才能开始动工；而谈到文案的布局，我认为道理也是相通的。首先要思考整体的中心思想为何，在开始撰写文案之前，一定要弄清楚——到底是想要出售产品，还是想建立品牌形象，或是想推动什么公益活动。唯有全盘思考清楚之后，才可再来构思表达方式。

其实，文案的写作过程和撰写文章、报告的差别并不大，同样都要历经搜集资料、审题、立意、规划大纲与撰写等步骤。

而谈到写作破题时，您是否还记得小时候的作文课，老师曾教过大家的多种技巧呢？无论是使用开门见山、自问自答、金句开场、情境描绘或结论前置法，都要谨记先创造需求，唯有先行激发读者的兴致之后，才可再来解释原因或交代细节。

所谓的“破题”，就是要在文章开头时具体点出旨趣或解说题意。如果是撰写介绍产品、服务的新闻稿，我们可以采用“倒金字塔式”的结论前置法。倘若要运用说故事的手法，不妨善用情境描绘的方式进行，让大家跟着您的文字，走进故事的情境之中。

运用“自问自答”或“运用金句”来开场，也是常用的手法，可以吸引大众的关注，然后再巧妙嵌入有关产品的介绍、说明、请求或提问的字句，便能凸显文案的功用。

当然，规划大纲也很重要，特别是当您还不够熟悉文案撰写的时候，不妨利用一些既有的框架来辅助。而当我们在进行文案布局时，也可以通过第83页表4-1看看自己在撰写过程中，是否都把重点交代清楚了，是否漏掉了某些细节。

表 4-1　文案魅力检核表

1	自家的产品、服务有哪些吸引力?
2	产品最值得一提的特色、利益是什么?
3	消费者为什么要拥有它?
4	产品是否值得和亲友分享?
5	如果是您自己，是否会想要购买产品?

谈完文案布局，接下来让我们来谈谈“标题拟定”这件事。

您是否还记得，文案的三个核心元素是什么？对的，就是目标受众、特色及目标。而产品文案的构成要素，一般来说，包括标题、内文、图片（含图说、表格或影片）、数据（含专家说法、口碑见证或辅助信息）、联络方式与购买方式等信息。

如果想要打动目标受众，我们就必须兼顾以上提到的这些元素。其中，又以标题最为重要。在广告圈有这么一个说法，有高达五成以上的广告效果要拜标题所赐的力量。

由此可见，标题具有容易吸引人、有助于传达整份产品文案的大致含义，以及可以协助锁定目标受众等特性。因此，倘若我们能够写出吸引眼球的标题，对于文案本身不但有画龙点睛的效果，也有帮助传达、沟通和吸引目标受众对内文产生兴趣的成效。

日本知名作家西村克己在《麦肯锡顾问反复自我练习的顺序思考法：老板提出问题，你一分钟就找到答案！（图解范例版）》[①]一书

① 大乐文化有限公司2016年5月出版。

中，提到运用金字塔结构图，便可说出一套有逻辑的论述。

想要打造扎实的“逻辑金字塔”并不困难，只需依序放入主张、三个支持主张的论据，再配置足以支撑各论据的三份佐证数据。同样地，撰写文案时也可以援引“逻辑金字塔”的概念，多谈主张、论据和相关数据，只要三者之间有脉络和条理可遵循，内容自然就具有说服力。

好的标题容易抓住读者的目光，因此我们应该多利用最宝贵的篇幅来谈论价值主张，以便引导目标受众采取行动。

日本作家西胁资哲在《做出第一眼抓住人心的好演示》[①]这本书中，提到演示的重点不是让对方理解您的想法， 而是“让对方照您说的做”。制造需求的三种宣传方式，包括：

- 提供诱因：用吸引力创造购买需求；
- 强调限定：用稀少性创造购买需求；
- 负面宣传：用风险告知创造购买需求。

文案标题的拟定，也可以运用类似的手法，善用诱因、限定或风险等方式来传递自家产品或服务的独特价值主张。除此之外，标题拟定时还可以结合时事，以好奇心或情感面作为诉求，不只是介绍产品或服务的功能、特性、便利性，更要传达显而易见的利益给消费者。

① 三采文化出版事业有限公司2016年7月出版。

当然，在标题拟定的时候，也可以把一些关键词或产品名称嵌入其中。这样做的好处不但容易引起目标受众的关注，也有利于搜索引擎优化（SEO）。根据谷歌公司自2012年1月起统计控制关键词、时间、网址、广告活动和广告群组等条件的内部数据显示，光是将关键词与广告标题紧密结合，就能使广告点击率平均提升15%。

谷歌公司进一步指出，如果在广告标题和内容描述的第一行都包含关键词，在68%的情况下都能提升点击率，显见这种做法更容易引起共鸣。

此外，如果您的品牌字词有商标标示（如品牌名称后附有®或™），就更容易加深印象。附上“官网”字样也有加分的效果，特别是当公司的品牌知名度够高时。根据谷歌公司的统计资料显示，光是加上“官网”字样，点击率平均就能提升2.4%。

有关标题的拟定技巧，我们也可以跟国际知名媒体学习。

举例来说，英国广播公司（BBC）旗下所属的新闻学院（BBC Academy），就提供非常多有关媒体写作的参考信息。其中，也有针对写作风格提出他们的专业建议。BBC的编辑建议大家，在标题的部分长度一般不要超过16字，使用的文字要准确、清楚和上口（读起来要流畅），也要尽量利用标题来显示内容性质。而在文章中所使用的小标题，文字同样要清晰、准确、简明，要切实起到分割文章结构、吸引和引导读者阅读的作用。

整体而言，吸引眼球的标题就是要有让人在看到的那一瞬间留下印象，并且感知这是和自己切身相关的话题。如此一来，期望借助文案的力量来实现营销的目的，便可望水到渠成。

第四节　置入销售信息、动机与独特销售主张

企业管理的核心，过去是沟通，现在是沟通，未来仍是沟通。

——日本松下电器、松下政经塾与PHP研究所创办人松下幸之助

全球知名的广告人李奥·贝纳（Leo Burnett）先生曾说过："做生意的唯一目的，就在服务用户；而广告的唯一目的，则是对人们解释这项服务。"

一如这句话所揭示的道理，撰写产品文案的目的就在于服务我们事先所设定好的目标受众，向他们解释自家产品、服务所带来的特性、优势与利益，使其激发渴望，以及产生行动的动机。

至于要如何在文案中置入销售信息、动机和独特销售主张，现在就让我们花一点时间来了解。

常有人问我，要怎么写吸引眼球的文案？在看过很多同学的课堂作业或他们帮公司所撰写的文案之后，我发现大家都存在几个普遍的问题——不是写得太平铺直叙，或过于拘泥形式，就是一味强调产品的功

能，让人没有欲望继续往下看。

当然，我不是说这样不行，这也并非是文笔的问题，而是在这个注意力被严重瓜分与稀释的时代，要把一篇文案写好必须注意的细节相当多。好比以下简单列出的几个原则就相当重要：

- 标题要显眼，让人一目了然；
- 一图胜千文，产品照片也很重要；
- 可多说优点与好处，但不可过度渲染或夸大；
- 规格、功能和售价要写清楚，避免引发误会；
- 多参考同行的文案，多看报纸、杂志的报道。

广告界的前辈李奥·贝纳告诉我们：“一个真正优秀的创意人员，对实事求是比能会说道更有兴趣，对打动人心比甜言蜜语更觉得满足。”

在文案中写下有关产品或服务的简介，如果只是按照传统的方式进行，也许可以做到“实事求是”的地步，但很难达到“打动人心”的境界。

苏·赫什科维茨-库尔（Sue Hershkowitz-Coore）在她所撰写的《写出好业绩：业务老鸟、菜鸟都要懂的销售书信写作技巧》[①]一书

① 麦格罗·希尔国际出版公司2012年3月出版。

中指出，撰写带有销售目的的电子邮件时，我们必须“穿上对方的鞋子”，给予潜在客户想要知道的信息。

其实，无论是电子邮件或本书所介绍的产品文案，一如苏·赫什科维茨-库尔所言，“一封好的邮件内容虽简要，但务必包含真诚的心意，若对方能感受到你的诚意，信件内容就比较容易被认真看待。”

所以，我建议大家可以多想想消费者的使用情境，或可以从“使用体验”的层面着手，鼓动目标受众主动去思考：

- 尚未出现该产品或服务时的日常生活；
- 产品或服务问世之后，对生活产生了什么变化；
- 该产品或服务所带来的具体价值。

我之前曾帮国内的中保集团举办企业内部培训，也指导各个事业单位的同仁针对产品收益和好处撰写文案。举一个例子说明，中保集团旗下的龙腾旅游公司看中湖南张家界的发展潜力，近年来大力推动张家界的旅游、观光业，希望把这个拥有“奇峰三千，秀水八百”的仙境推荐给更多人。

在文案课进入“实战演练”的环节时，一开始，龙腾旅游公司的同仁还是不断着墨于旅游行程的低廉价格，或张家界的秀美景色（如全世界最长的玻璃桥、全世界最高的户外电梯等）。毫无疑问，这些当然都是张家界的特点或优势，但要知道，全世界的美景到处都有，又该如何吸引热爱旅游的人前往张家界呢？

后来，龙腾旅游公司的同仁们引用了美国前科罗拉多州州长南西·迪克（Nancy E. Dick）造访张家界的说法，“在张家界，每呼吸一次，应付5美元”。巧用名人证言，把张家界的“仙境空气”喻为全世界最贵的空气，而这个具体且带有稀缺性的价值，也成功地吸引了大众的关注。

在《跟谁演示都成功：表达力×故事力×说服力如何一次到位！》《视觉沟通的法则：科技、趋势与艺术大师的演示创意学》等知名演示教学书籍的作者南希·杜瓦特（Nancy Duarte）的眼中，所谓的传达和沟通，其实就是在彼此之间建立一条信任的道路，让对方觉得“跨到你这边很安全”。

打造信任的道路真的非常关键。那么，要如何进一步说服目标受众，让他们心悦诚服地接受行动召唤呢？我有几个法宝，可以分享给大家：

- 适时提供赠品或免费体验，让人先尝试看看；
- 善用数据资料或来自第三方的统计；
- 使用“不满意，保证退钱”策略，去除心中的疑虑；
- 运用名人见证或使用者口碑。

美国作家罗伯特·科米尔（Robert Cormier）有一句名言：“写作的好处是，你不需要像动脑部手术一样一次就做对。”

的确，我们在撰写文案的过程中，的确可以先设想中心思想，再建构大纲。甚至只要时间许可，我们还可以不断地修改与优化，写出带有销售信息和行动召唤的好文案。请谨记，文案要聚焦在顾客迫切需要解决的问题上，让顾客相信您的独特销售主张。

看到这里，相信您已经知道要如何借助文字的力量来协助营销了。

第五章

说服力：用利益收买顾客的心

第一节 建立文案的独特销售主张

我的成功，来自每天努力把“手边的工作”做好。

——美国知名电视节目主持人约翰尼·卡森（Johnny Carson）

做生意，其实就是这么一回事——每家企业总想说服消费者购买自家的产品，但您可曾想过消费者真正想买的是什么吗？需要的又是什么吗？与其一个劲儿地对目标受众兜售产品，倒不如设法解决他们的问题，或者提供一个更好的解决方案。

这个时候，我们曾在第三章介绍过的“独特销售主张”（Unique Selling Proposition）就可以派上用场了。

帮大家复习一下，“独特销售主张”推出至今已经超过半个世纪。这是20世纪50年代，由时任美国达彼思广告公司的董事长罗赛·里夫斯（Rosser Reeves）首倡的构想，后来他又在1961年所出版的《广告的现实》（*Reality in Advertising*）一书中，提供了比较具有系统性的介绍。

罗赛·里夫斯认为，广告要能够引发消费者的认同，而营销团队首先必须聚焦于产品本身。综观独特销售主张的发展，需要具备以下三个要点：

●利益承诺：强调产品有哪些具体的特殊功效和能给消费者提供哪些实际好处；

●独特：是竞争对手无法提出或没有提出的；

●强而有力的诉求：要有让消费者集中意识、热切关注的信息。

那么，该如何建立产品文案的独特销售主张呢？让我们先来看两个案例。

第一个案例，是全球知名的保险套制造商针对杜蕾斯（durex）品牌，为了“庆祝”父亲节所推出的广告文案：

To all those who use our competitor's products: Happy Father's Day!（祝贺那些使用我们竞争对手产品的人：父亲节快乐！）

我们不难看出，杜蕾斯品牌制造商极尽戏谑之能事，却也只用了短短一句话，就明确点出了自家产品与其他保险套的区别——有效避孕。避孕，便可视为是一种独特销售主张。

另外一个案例，就是创立于1972年的摩斯汉堡包快餐店。这是一家在日本东京地区发迹的快餐连锁餐厅，1990年11月由东元集团引进至台湾地区。目前在整个台湾地区分店超过250家，主打中高价位、高质量与东方口味的健康清淡的饮食。

从摩斯汉堡包快餐店的官方网站或餐厅快讯广告不难看出，他们以现点现做的服务自豪。各式餐点不但含有大量新鲜蔬菜，还有生产履历的保证。不同于其他嘈杂、油腻的快餐餐厅，摩斯汉堡包的用餐环境相比之下显得温馨高雅，各家分店还提供专用的洗手台，也确保干净、卫生。

观看摩斯汉堡包快餐店的关注者专页——“MOS Burger摩斯汉堡包‘瘾迷’俱乐部”，可以看到米汉堡包被引进台湾地区25年以来的“大事记”。而从这张图表中，不但看到了不同风味的米汉堡包的演进、换代，相信大家也不难理解摩斯快餐店的独特销售主张，就是提供健康又美味的快餐饮食。

简单来说，独特销售主张并不见得要很深奥，其实就是在进行市场细分与推广营销时所特别设计的信息。

观察针对杜蕾斯和摩斯汉堡包品牌的文案案例，我们可以了解一份杰出的独特销售主张，并不需要长篇大论（当现代人的注意力已经成为稀有货币，大家没有太多耐心读完长文，所以请直接讲重点即可），而是要能切中肯綮；通过简明扼要的介绍，具体说明自己的独特优势，以及如何能从激烈竞争中脱颖而出的原因。

看看针对杜蕾斯品牌的广告文案，在简短的文句之中完全不提功能、特性，却又暗喻拥有强大的避孕效果，让人可以安心享受性的欢愉，不用担心会在一夜狂欢之后意外当上父亲。

这个议题值得大家深思，到底我们能够提供哪些利益给消费者？还记得前文我曾举过的手工皂的例子吗？如果您打算销售自己亲手制作的手工皂，面对市场上满坑满谷性质相仿、价位也相近的产品，那么，该如何传达独特销售主张给潜在的客户呢？

要说服别人，并不见得需要辩才无碍，只要我们可以锁定目标受众，调查其具体需求或疑虑，再培养以市场为导向的思维，并时时掌握竞争者的动态，就不难写出一份具有独特销售主张的文案了。请谨记，文案要有效，并不见得要很长或堆砌华丽的词藻。

无论是说一个故事或述说主张，都必须让消费者明白，购买广告中所提及的产品，可以获得什么具体的好处。厂商所强调的主张，必须是竞争对手做不到的或无法提供的。换言之，我们必须说出其独特之处，在品牌和说辞方面是独一无二的，强调“人无我有”的唯一性。

也就是说，我们在文案内嵌入独特销售主张的用意，其实就是为了提炼自家产品独一无二的魅力点。舍弃传统叫卖式的宣传方式，改而跟潜在客户述说一个故事或主张，让消费者清楚知道使用我们的产品可以得到哪些利益。特别是别人没有而我们有的特色，当然值得大书特书；但如果是大家都有的部分，也要设法找出其间的差异性。

独特销售主张，比拼的不只是说故事的能力，更在于价值、情感层面的汇总。文案长短自然不是重点，能否让人怦然心动，进而采取购买等行为，才是真正的关键所在。

第二节 多谈利益，不只说功能与特性

勇敢地“冒险”，没有什么事能取代经验。

——巴西知名作家保罗·柯艾略（Paulo Coelho）

要想写出具有说服力的文案，一言以蔽之，就是要多谈利益（Benefit）。切忌一直说些大家都已经知道的功能和特性，要知道——那些老生常谈是不会有人感兴趣的。

先举个例子。我有个朋友叫迈克尔（Michael），他的儿子贾森（Jason）到了快要考大学的年纪，还每天沉迷在手机游戏的世界里。迈克尔和妻子每天对贾森耳提面命，三令五申要他好好读书，谆谆告诫唯有考上好大学才有美好未来。但贾森怎么都听不进去，还觉得自己是游戏天才，以后想要靠撰写游戏程序打天下。

后来我有点看不下去，就利用某个假日跑去他们家，看到贾森之后，只是轻描淡写地说：“我认识台湾大学的老师，专门在教手机客户端开发哦！不只是台湾大学，同样也在公馆附近的台湾科技大学资工系

甚至还有计算机游戏设计课程呢！”话还没说完，就看到他两眼睁得老大，从此不用迈克尔夫妇多说什么，放学之后就很自动自发地用功读书。

瞧，这不就是一个现实生活中常可见到的例子吗。我们以贾森的事例来说明，爸妈的大道理说得太多，他根本听不进去，倒不如直接诉之以好处，让他知道如果以后想要开发手机游戏，高中阶段还是需要好好地用功读书，这样才能有机会接触到大学理想科系，并受到名师的启发。

让我们换个场景来看，当人们在逛大商场的时候，常会不自觉地被琳琅满目的产品所吸引。但我想您也同意，大家真正会放到购物车里头的产品，可能少之又少。身为一个精明的消费者，大家不仅在意产品的功效与价格，也愈来愈重视产品背后的独特价值。

很多商家会帮产品设计出精美的包装，上面还不忘用斗大而突出的标语做诉求。但这样的文案是否能够帮助销售，恐怕得打一个问号。诚然，产品文案是否吸引人，其实是很主观的，个中也存在着很多的关键因素，大家如果能够善用“FAB销售法则”，将会如虎添翼。

那，什么是“FAB销售法则”（FAB Selling Technique）呢？简单来说，“FAB销售法则”是负责推销的人士以文字、视觉或影音的沟通方式向消费者提供分析、介绍产品好处的一种方法。想想，如果今天您收到主管的指示，要帮某一款产品或服务撰写销售文案，会如何着手写这个文案呢？

我想，大部分需要撰写文案的朋友，可能都会感到很苦恼吧？因为不知道如何具体地写出吸引人的好文案，所以很多人就直接开始介绍产品的功能、规格，或者诉诸价格了！

其实，我们可以试试运用“FAB销售法则”。所谓的“FAB销售法则”，其中的“FAB”是三个英文单词的缩写。F是Feature或Fact的缩写，是指所涉产品的“属性/功能”，好比新款的小米手环，新增了心跳侦测器，所以不但可以监测运动数据与睡眠质量，还能够掌握用户的心跳情况。

而A则是Advantage的缩写，也就是“优势”的意思，要跟消费者说清楚自己与竞争对手有何不同。好比小米手环的主体重量相当轻巧，只有区区5克而已，不过该有的功能一项都不少，比其他的穿戴式装置更容易“让人忘了它的存在”。

至于B，就是Benefit的缩写，意思是客户最重视的“利益与价值”。让我们再以小米手环为例，若要单纯讲记录运动数据等功能，也许各家的运动手环都大同小异，也很难真正让消费者的眼睛为之一亮。因此，唯有诉诸可以带给消费者的好处，才能争取到眼球。

运用FAB销售法则来介绍产品或服务的特色时，可以针对客户的需求，以有选择、有目的或有层次的方式逐一进行说服。

在这里，我想特别跟大家分享一点就是：许多产品的功能或优点也许很明确，通常也很一致（比方，坊间的运动手环很轻巧，可以追踪运动或睡眠状况等），但是对消费者而言，它们在利益或价值面的呈现，可能有很大的不同。负责撰写产品文案的朋友，不妨可以利用这个机会，好好地“借题发挥”一下。

举例来说，我自己有好几条运动手环，每个手环的价格不一，也都各有所长，但最后持续挂在我手腕上的穿戴式装置，是售价最便宜的小米手环。这是为什么呢？并非其他厂家的产品不够出色，而是因为小米手环不需要时常充电的这个优点最能打动我。

对忙碌的上班族来说，也许我们都已经习惯每天给智能手机充电，但是穿戴式装置毕竟是戴在身上，若能尽量减少离身的机会，不但量测数据会更准确，也可以节省一些时间。所以，小米手环每充电一次可以持续30天的这个特点，便相当地吸引我。

很多传统的产品文案，只是单纯地介绍了产品的功能、规格，却无法打动消费者，这是因为很多产品其实是大同小异的。再者，对消费者而言，倘若没有明显的吸引之处，也是无法打动内心的。想想，一个容量高达8G的MP3播放器和可以装下1 000首歌的MP3播放器，哪一个更让人“有感”呢？

我们要谨记，活用“FAB销售法则”来撰写文案，可以分别从F、A、B等三个层次逐一加以解说，并整理成可以带动销售的完整主张；也可以针对消费者最重视或关心的利益切入并直指核心，让我们所欲传达的利益、价值与消费者的需求达成一致。

有一句西方谚语说得好：“Features tell, but benefits sell.”（功能说出卖点，但利益决定卖出。）

诚然，向潜在的顾客进行说服，本来就不是一件很容易的事。但如果大家可以活用“FAB销售法则”，针对目标受众进行沟通的时候多谈谈好处，让人感受到个中的价值，我相信这样的说服将会水到渠成。

第三节　善用名人效应与数据佐证

未来，属于那些相信自己美梦的人。

——美国前第一夫人爱莲娜·罗斯福（Eleanor Roosevelt）

在这个世界上，大部分的人都有服从权威的习惯。小时候我们都很听老师的话，长大了则唯老板、主管的命令是从；结婚之后，大多数人约莫就只听另一半的话了。

人们为何容易服从权威呢？一来是因为那些拥有权威的专家在相关的领域中表现突出，具有卓越的本领；二来是他们所取得的成就也比一般人来得大，也比较容易获得社会的广泛认可。

也正因为相信这些专家、学者的见解高于我们，所以特别容易获得大众的敬重，也容易让人信服。

举个例子，我记得周杰伦曾在2014年代言一款名为听啦（TiinLab）的耳机。向来是广告宠儿的周杰伦，相当爱惜自己的声誉。他不但慎选代言产品，也实际参与了耳机的设计。他所属的杰威尔音乐公司总经理杨峻荣表示："周杰伦不仅是代言人，他还参与耳机的调音，看上的是最新的声音科技。”

在广告文案上，我们可以看到“Optimize by Jay Chou”的字样，也显示周杰伦并非仅是一般的代言，而是在一定程度上参与了产品的开发与设计。这款打着曾为法拉利等精品耳机代工、成立品牌后在全球营销的台湾厂商，也因为选对了名人代言，产品推出之后果然“吸睛”又吸金。

TiinLab的广告很简单，海报上就是“酷酷”的周杰伦闭上双眼、戴着耳机在聆听音乐，一副很享受的模样。它的文案更简单，只写着“Explorer of Audio Soul”（音乐灵魂的探险家），很容易让人和音乐才华洋溢又拥有金耳朵的周杰伦建立联结。

无论消费者想要买的是拥有卓越音质的耳机，还是喜欢周杰伦的形象，可以说这款广告文案都达到原本设定的目标了。而这一点，也是善用名人的好处。

不过，要运用“名人代言”这招也是要注意一下，并非任何产品打名人牌都有效，也要看这个名人和产品的属性、风格是否搭配？

就好像周杰伦过去代言摩托车和耳机，都很符合他“酷酷”的风格，这样就能帮产品加分。但最近在脸书上也看到有些关注者专页邀请名人来助阵，不过产品销售并未有太多的加分，这就是因为无法让潜在的客户感受到名人与这个产品之间的关联性。

名人、网红可说是一张王牌，但也要视时间、地点来打，好比由艺人宋达民和洪百榕夫妻所经营的关注者专页“宋达民和洪百榕爱的粉园”，不时会跟关注者分享他们的家居生活。综观整个关注者专页的运作，虽然其中有些贴文看起来属于直接诉求产品销售，但不时也有佳作。

好比2016年8月9日的一则贴文，就巧妙地结合了时事和家庭生活，再搭配一些实景照片，让人对宜兰的兰城晶英酒店产生好感。

今年的“付清节”很快乐。

假借“帮爸爸庆祝之名”行“玩乐之实”。

给大家瞧一瞧我们这次入住的花园双套房！

兰城晶英酒店 Silks Place Yilan

接下来，我为大家介绍该如何活用数据来帮文案加分。

首先，请大家看两段产品文案：

A. 金盏花叶黄素，专利调剂、高浓度黄金比例。

B. 叶黄素高达60mg，内含金盏花、黑醋栗等五大综合配方。

同样都是诉求保护视力的叶黄素保健食品，主要成分也同样是金盏花，但如果单看字面上的解说，您会对哪一款叶黄素比较感兴趣呢？

我猜想，大多数的朋友应该会选B产品吧。不是因为A产品不够好，而是没有人能理解专利调剂的内容，以及“黄金比例”又有什么特别的意义。而B产品指出了每颗胶囊内的叶黄素数量，还具体地提出了五大配方，会让人产生信任感，并想去了解究竟内含哪五种配方。

从以上的例子，不难看出适当引用数据，不但“师出有名”，更可以强化说服力。

又好比，如果您要销售的产品属于食品类，那么除了在产品文案上可以多加阐述食品的特色、风味之外，若能再附上产品的得奖记录或权威机构（如瑞士通用公证行SGS等）的检验合格报告，就更能取得消费者的信任了。

在这里，我以香港“添好运”餐厅举例说明。这家创立于2009年3月的香港点心店，于2014年7月底正式进军台湾市场，立刻就掀起一阵风潮，瞬间也成为“排队名店”。时至今日，不时仍可在他们的餐厅门口看到长长的人龙。

“添好运”餐厅的文案很简单——全世界最亲民的米其林餐厅“添好运”，2010年至2016年连续7年获得米其林“一星”肯定。

光是冲着“全世界最便宜的米其林餐厅”的称号，相信会有许多“饕客”为之疯狂，更何况是连续七年都获得米其林的肯定，这可不是一件简单的事！

顺带一提，“添好运”餐厅的品牌故事也写得相当好，不但完整地介绍了他们店内的“四大天王”：酥皮焗叉烧包、香煎萝卜糕、香滑马来糕与黄沙猪润肠，更提到港式点心店对于“即叫即蒸”的烹饪坚持，让人看了忍不住心痒难耐。

第四节 找出产品的最大魅力

预测未来最好的方法，就是创造出未来！

——美国管理学大师彼得·杜拉克（Peter F. Drucker）

在过往所举办的文案课中，我常发现有不少学生苦思半天，仍然写不出动人的文案。探究其背后的原因，很多人之所以对于撰写产品文案感到一筹莫展，其实主因是缺乏对于“产品概念”的了解。

何谓“产品概念”呢？根据MBA智库百科的介绍，“产品概念”就是产品卖给消费者的是什么利益点，即满足消费者的是什么需求点。任何产品都有其市场存在的理由，这些理由是因为消费者对该产品的利益存在着一定的需求。

对于文案撰写者而言，必须对自家的产品或服务有一定程度的熟悉。如此一来，才会知道这个产品要卖给哪些人，有哪些卖点可以大书特书，又或者有哪些缺点要藏拙、避而不谈。最重要的是，我们必须知道目标客户在意什么。

一如以破坏式创新理论享誉国际的美国哈佛大学商学院教授克里斯

坦森（Clayton M. Christensen）所提及，营销的起点就是要设法找出隐匿于消费者心中的需求。而文案撰写者的使命，就是要设法激起目标客户的好奇心与欲望。

如何找出产品的最大利益，请谨记要从消费者的角度思考，不要一个劲儿地讲自己所在意的特色，而是要翔实地列出目标受众平时所关注的问题，并且设法说明自家产品的哪些特色，可以怎么解决这些困扰已久的问题。当然，别忘记了“利益承诺”的部分，要简单而具体地告诉大众，我们的产品或服务可以为消费者提供哪些好处。

如果从“产品概念”的角度切入，我们就必须用消费者所熟悉的语言来描述自家的产品或服务。换句话说，就是要能用浅显易懂的图文来描述足以彰显产品的优势、利益。

简单来说，我们可以把产品分为三种层次，分别是“核心产品”“形式产品”和“延伸产品”。所谓的“核心产品”，意即产品可以为消费者提供的基本功能；而“形式产品”，则是针对核心产品所展示的外部特征；至于“延伸产品”，则可视为消费者因购买产品所得到的利益与附加价值。

如果您对想要进行营销宣传的产品没有太多的印象，或一时感到词穷，我建议不妨从这三点开始着手：

首先，设法让自家的产品成为核心产品。在正式开始写文案之前，您可以取一些便利贴来，尽可能地写下和这个产品相关的关键词。如果我们以笔记本电脑的销售为例，就可以写下诸如轻薄、省电、SSD（固态硬盘）、无噪音、可扩展内存与超快速处理器等，然后把这些便利贴贴在墙上，再逐一进行检视，便可慢慢找到该产品的真正核心。

其次，可以从形式产品的角度来找到重点特征。我们同样以笔记本电脑来举例。这时便可多凸显自家产品在款式、质量、品牌与包装上的差异，如10小时电池续航力、高速WiFi、重量仅1.2千克的高效计算机及搭载Intel®Core™处理器等。

谈完功能、优势之后，当然还可以进一步陈述提供给顾客独一无二的利益或看不见的价值。就好像有人会觉得使用苹果公司出品的笔记本电脑，仿佛整个人都变得具有时尚感，这也是所谓“品牌溢价”所带来的附加值体现。

此外，像华硕计算机为广大用户所设计的“MyASUS App”，已经有累计超过数十万好评下载，主要推出客服实时通在线聊、免打电话、免出门功能，为使用者省下超过50%的沟通时间。在产品概念的分类中，这便属于延伸产品的范畴，也让大家更为重视附加值与服务。

第六章

感动力：用故事拉近顾客并赢得信任

第一节 如何说一个好故事

若想得到你从未拥有的东西，你得愿意做你从未做过的事。

——美国第三任总统托马斯·杰斐逊（Thomas Jefferson）

故事营销的时代来临了。很多品牌的营销手法也不断推陈出新，甚至是从说故事（Storytelling）开始的。不信吗？其实，我们的生活周遭到处充满类似的案例。事实证明，由真人真事所改编的故事，不但是表达知识和经验的传统方法，往往也最容易吸引社会大众——他们最有兴趣听下去。

好比美国正红火的特斯拉电动车公司（Tesla Motors），他们不像其他汽车公司拼命在媒体上大打广告，反而自诩为充满硅谷精神的网络公司。该公司副总裁里卡多·雷耶斯（Ricardo Reyes）就曾自信满满地说："我们是一家颠覆传统的车厂。"

一如乔布斯之于苹果公司的重要性，出生于南非的首席执行官埃隆·马斯克（Elon Musk）无疑就是特斯拉公司的灵魂人物。相较于介绍Model S车款的功能、特性，特斯拉的公关人员更津津乐道有关埃隆·马斯克的创业故事，希望通过名人熠熠生辉的光环，来建立消费大众对于特斯拉电动车的好感。

再举一个例子，全世界有近160个国家的人，每天要喝下超过两亿瓶的可口可乐。大家对这种从小喝到大的黑色饮料并不陌生。您是否也曾听过有关可口可乐神奇配方的故事呢？

这个故事是这样开始的。在距今很久的1886年5月8日，有一个粗心大意的店员不小心把化学家约翰·彭伯顿（John Pemberton）所调配的健脑药汁与苏打水搞混在一起。他原本担心会受到责罚，孰知却创造出意料之外的奇特风味，也因为这个缘故，可口可乐饮料应运而生。

这种喝起来略带刺激性的饮料，立刻受到消费市场的欢迎，创办人也迅速将配方锁进银行的保险箱，从此为这个世界写下历久弥新的传奇。很多人试图揭开其神秘面纱而未果，直到2006年发生可口可乐配方遭窃的事件，更让这个故事被广为传颂——与其说人们喜欢可口可乐的风味，倒不如说大家更热爱那个神奇配方的故事与欢乐的氛围。

由以上两个案例可知，故事营销不仅是现今流行的营销手段，往往更是品牌建构的核心与灵魂。说到特斯拉，大家的脑子就会立刻与先进科技、环保及世界潮流产生联想；而提起可口可乐，也会不经意地想起神奇配方和欢乐的氛围。

由此可见，说一个好故事有多么重要！想要让别人听从您的建议，自然得先学会说故事。而要打动别人，第一步就是必须先感动自己。建议大家把以往所写过的产品文案找出来，或者看看在逛街时所收到的传单，细细读过一遍之后，试着扪心自问：自己会被上头的文字所打动吗？如果不会的话，那该怎么办呢？

要知道，不是胡乱编造一个故事，顾客就会买单；若是在文案中滥用温情诉求（所谓“加入洋葱”），也未必就能打动人心。

《会说才会赢：打动人心，出奇制胜的故事力》[①]的作者彼得·古伯（Peter Guber）从事娱乐事业超过30年，是《蝙蝠侠》《雨人》《紫色姐妹花》和《午夜快车》等卖座电影的制作人。他认为故事要让人听得入迷，必须掌握以下六个要诀：

- 快速掌握听众的注意力。
- 直接表达自己深信不疑的价值观。
- 让听众感觉故事和自己切身相关。
- 把被动的听众变为主动的参与者。
- 契合情境，展现真心诚意激励听众。
- 传递中心思想，唤起听众的情感，产生共鸣。

这六个要诀说得剀切，道理也很简单，不禁让我联想起2011年时，由皮克斯动画工作室的资深剧作家埃玛·科茨发表的《说故事的22条法则》。这两者之间，其实也存在着异曲同工之妙。

有兴趣的朋友可以连上埃玛·科茨的博客（http://storyshots.

① 时报文化出版企业股份有限公司2011年7月出版。

tumblr.com/post/25032057278/22-storybasics-ive-picked-up-in-my-time-at-pixar）浏览全文。逐一检视这些法则，赫然发现其中就有好几则和文案撰写有关，我简单摘录给大家参考。

- 可以先构思故事的结局，再回头考虑过程的发展与铺陈。
- 让笔下的角色拥有自我意识，有助于建立中心思想。
- 故事的精髓是什么？你可以用最简洁的方式表达吗？
- 完美的结局总是存在梦想中，你得持续前进、不断修改，下次可以做得更好。
- 拆解您喜欢的情节、桥段，弄清楚自己究竟喜欢哪些元素，然后，试着将这些东西内化成自己的东西。
- 赋予读者一个理由，去支持您苦心经营的角色。

整体而言，营销吸引客户的秘诀，首要之务就是说一个能够打动人心的故事。在建立一群忠实关注者的过程中，同时给予真实的深度体验，更要让人觉得这个故事与自己息息相关，才有办法建立联结。同时，辅以文字的力量来激励目标受众，传达价值观与中心思想，进而顺利唤起大家的同理心，并产生共鸣。

而这也和美国营销大师赛斯·高汀在《营销人是大骗子！》[①]书中

① 商智文化事业股份有限公司2005年6月出版。

所提到的观点相互呼应。他认为，倘若营销人员要说一个能够吸引、打动消费者并对他们具有说服力的故事，那么就必须述说一个符合消费者世界观的故事。

回头看看您的产品文案，是否善用文字的力量去渲染、打动人心，甚至拉拢目标受众了呢？而您的产品或服务本身，又具有怎样的世界观呢？您想要改变世界吗？您是否努力让正在阅读文案的读者变成品牌故事之中的某个角色了呢？

最后，让我们来看看日本的“无印良品”是怎么说故事的。

良品计划公司的总裁松井忠三，习惯从生活中观察事物，进而扩大产品开发的视野。他们公司旗下的一款畅销产品“直角袜”，便是因偶然与东欧捷克一位奶奶的相遇而萌生开发灵感的。

现在，在台湾的无印良品网站上，还可以看到有关直角袜诞生的故事。

露洁娜奶奶编织的袜子，是直角的形状。虽然袜子的编法似乎是模仿她的母亲自然记下来的，但足跟的编法据说是露洁娜奶奶自己想出来的。穿上去后，足跟部分被紧密包覆没有空隙，不易滑脱，走起来非常舒适。

考虑到追求穿着舒适感的人，让穿着者感到十分喜悦的袜子——希望能让更多人轻松体验到露洁娜奶奶所编织的直角袜所带来的舒适感。因为那样的想法，开始了至今谁也没尝试过的挑战，以机械编织出如同亲手编织成的直角袜。

瞧，无印良品不但事无巨细地跟大家介绍了这个传奇故事，还煞有介事地邀请捷克奶奶的女儿前来日本，实际编织袜子给大家看。故事看到这里，是否已经激发了您的好奇心呢？是不是迫不及待想要买一双直角袜来穿穿呢？

放眼中外，成功的故事必然会提供一个承诺。就像营销大师赛斯·高汀所言，一个厉害的讲故事好手，要能帮读者实现他的世界观。当您有机会穿上这双舒适的直角袜，除了感受到一丝温暖，想必也会在内心一隅，浮现出对捷克这个遥远国度的几许联想吧。

嗯，是的，这就是故事营销的力量。

第二节 巧妙设计您的故事

只有那些不曾行动的人，才不会犯错。

——出生于波兰的英国作家约瑟夫·康拉德（Joseph Conrad）

人是有感情的动物，很多时候容易真情流露。如果在营销、宣传的过程中，只是一味推销冷冰冰的功能、规格等数据给人们，我想成效一定不会太好。要知道，一个好故事之所以能够引人入胜，主要也是因为它可以驱动情感，让人留下深刻的印象。

著有《为什么会说故事的人，赚得比较多：说故事的能力，决定你是否拥有百万年薪》[①]一书的日本作家川上彻也曾指出，说故事的能力，是区分高手和普通人的终极商业技术。

他很明确地表示，如果想要展现自家产品的特质，跟竞争对手拉开差距，请一定要练就“说故事”这个必备的绝技。换言之，只要您懂得

① 如果出版社2013年6月出版。

说故事的技巧，自然也会对产品销售有所帮助。

无独有偶，美国营销大师赛斯·高汀更在2004年出版的畅销书《紫牛》中，也很直白地提到：“企业若想要成功，就必须让产品自己说故事。”

如今，大家都明了说故事的好处了，想必也曾试着运用一些方式来说故事，但成效好吗？就过往的经验来看，我曾读过很多公司的品牌故事，或是浏览各商家针对产品所写下的故事，却赫然发现大多数的故事都显得平凡无奇，或缺乏真实感。甚至，几年前还曾发生过某厂商自行捏造故事，结果反而被较真的消费者揭发的新闻，真是得不偿失。

该如何让平凡无奇的故事增添趣味，或者该怎样提升说服力呢？接下来，我将为大家介绍为故事添加佐料的几个方法。

您喜欢吃洋葱吗？说到洋葱这个许多料理都会添加的食材，人们立刻想到它吃起来有点甘甜，有时也会带点辛辣，是日常生活中常见的蔬菜，具有很高的营养价值，甚至内含有效的抗癌酶，被外界认为有杀菌和预防癌症的效用。其实，我们在说故事的时候，也可以运用“剥洋葱”的手法。

在说故事的时候，您可以简单扼要地说完故事的重点，也可以像剥开洋葱一样，一层又一层地开始解说情节，当大家聚精会神地聆听时，再逐渐推进到故事的核心。

这种不断重复反馈的手法，主要是要让读者在阅读文案的时候，隐约感觉到有某些元素重复出现（形成暗示的心理作用），却又不时让人有意料不到的惊喜之处。如此一来，便会提升目标受众的兴趣，也会触发大家的好奇心。

当洋葱快要剥完了，故事也刚好进入最高潮的部分。如果您懂得如何剥洋葱的话，相信也一定能够掌握说故事的诀窍——在最关键的地方，让人掉下感动的泪水。

在这举一个例子，相信您听了就能理解。就在2015年的母亲节前后，台湾麦当劳公司在他们的脸书关注者专页上推出一支“妈妈和麦当劳一起进行的秘密计划”的影片，引起了广大关注者的共鸣。截至2017年3月下旬，这段影片的观看次数已经累计超过812万次，也有高达16.67万次的分享，营销成效可说是相当好。

这段影片的内容，主要是述说麦当劳公司安排某些员工的妈妈前来探视，给这些因值班而无法返乡过母亲节的员工一个秘密的惊喜。通过镜头语言的捕捉，不断地铺陈亲子之间浓郁的情感。当这群员工一看到自己的妈妈，无不哭成泪人儿，也突出了麦当劳公司的品牌形象。

审视这段影片，不得不佩服麦当劳公司善用亲情这个人们共同的感动点，的确说了一个好故事。如果影片一开始，就歌颂母亲的伟大或阐述麦当劳公司的企业形象，那么就落入了俗套，网友大概也不会有兴趣继续观看。适时卖个关子，并用逐渐升温的方式来讲述员工之于工作与亲情的关系，才能引人入胜。

除了上述的“剥洋葱”妙法外，我还要跟大家分享一个把故事、文案可视化的方法。

这是作家德鲁·埃里克·惠特曼（Drew Eric Whitman）在《吸金广告：史上最赚钱的文案写作手册》一书中所介绍的一种销售技巧，

即所谓的PVA（Powerful Visual Adjectives）销售技巧，其实是一种极富感染力的可视化描述。换言之，只要我们能够善用这个销售技巧，便可提升产品文案的感染力。

德鲁·埃里克·惠特曼表示，与其讲“大把赚钱”，倒不如直接向读者展现具体的数字，如“每周大赚2 750美元”。以作者所举的这个例子来看，便可理解倘若我们的论点能够明确地“可视化”，就更可以让人感受到个中的利益或好处。

在我看来，善用PVA的意思，其实就是通过数据、专家证言或口碑等有力信息的帮助，协助把原本比较平铺直叙的文案变得更可视化或更为立体。如此一来，便能让目标受众心领神会，一看就能理解背后的意义。

说到可视化，忍不住又会想起电影来。您还记得我们之前提过的皮克斯动画工作室《说故事的22条法则》吗？

在埃玛·科茨所发表的22条法则之中，有一条公式是我们可资运用的：

Once upon a time there was ___. Every day, ___. One day ___. Because of that, ___. Because of that, ___. Until finally___.

如果我们把它翻译成中文，就是：

很久很久以前____。每一天，____。有一天，____。因为那样，____。因为那样，____。到了最后，____。

您会赫然发现，很多电影都可以套用这个标准公式，甚至连乔布斯重返荣耀的《哈姆雷特》，也可以沿用这个公式来解说。

很久很久以前，在美国硅谷有一家叫作苹果计算机的公司。每一天，他们的创办人乔布斯都在绞尽脑汁地开发新产品。有一天，他说服了百事可乐总裁约翰·斯卡利，别再继续卖糖水了，和他一起来改变世界。因为那样，约翰·斯卡利加入了苹果计算机公司，却发现在乔布斯领军之下的业绩很差劲。因为那样，苹果计算机公司董事会一致决定开除他。但乔布斯并未被击倒，反而更积极地开发新的计算机操作系统。到了最后，虽然还有人反对，但形势由不得人，乔布斯满怀斗志地重返他一手创立的公司，经过励精图治，他为苹果计算机开启了崭新的纪元。

您看懂了这个故事的框架吗？这个写作公式的玄妙之处，就在于它有一个引人入胜的开头，借由时间元素的带入来制造悬疑性，然后再按照“起、承、转、合”的逻辑开始说故事，最后剧情急转直下，让人对这个故事留下深刻的印象。

嗯，现在您是否也可以“依样画葫芦”，按照这个公式来写一个故事呢？动手试试看吧！

第三节　帮顾客找出问题并产生需求

最困难的是下决定，剩下的只是坚持。

——全球第一位独自飞越大西洋的女飞行员

阿梅莉亚·埃尔哈特（Amelia Earhart）

如果您曾经看过一些真正厉害的文案撰写者，就会发现他们并不会花费太多篇幅大吹大擂自家产品或服务，反而会站在顾客的角度，帮助他们找出问题、排除困难，乃至产生需求。

一如营销大师赛斯·高汀所言，消费者买的往往是欲望，而非真正需要的物品。他们之所以买故事的账，而不在乎事实真相，是因为事实通常无关紧要；最重要的是——当消费者相信什么时，经营者又该如何帮助他们做选择。

相信大家已经可以认知，真正让人愿意口耳相传的，并非产品的特点和功能，而是感动人心的故事。就像很多人买苹果手机和苹果笔记本电脑，并不是为了赶时髦，而只是单纯喜欢苹果品牌的品位和风格，还有便捷的使用体验。

曾经担任*Shopping Design*（《购物设计》）总编辑的资深编辑人黄威融，在《无印良品从产品功能上解决生活问题，跟消费者的生活形态产生对应》一文中，指出每个东西其实都可以对应到消费者实际生活的问题。

黄威融提到，无印良品已经运营了30年，推出那么多产品，但它永远都在想“我到底还可以做什么”，让消费者信任无印良品正在改善自己的生活。

无印良品的成功自然绝非侥幸，为何大家这么喜欢这家公司所生产的产品呢？在《无印良品的设计》[①]这本书中，便曾提到无印良品致力于提供让人能自信说出“这样就好”的产品，以及“好感生活”所需的物品。

在良品生活研究所这个部门，会通过网络和顾客进行双向交流。每一年，旗下的创意公园（IDEA PARK）网站大约会收到8 000件顾客反馈信，无印良品的客服部则会收到约3.4万件顾客意见，而在店里的工作人员，也可收到约6 500张的顾客意见表。

无论是对门店的建议、期望或新产品提案，都受到无印良品总部相当的重视，甚至有时董事长也会直接指示，要切实针对某个期望做出回应。

① 远见天下文化出版股份有限公司2015年10月出版。

在无印良品的官方网站上，可以读到这段文字：“我们以创造出更多良品为目标，而设立了良品生活研究所。希望能借大家的共同愿望，检视称之为良品的理由，向美好生活迈进。”

无印良品的文案，并没有太过强调他们的产品技术，也没有滥用文字的力量去渲染，反而让人从字里行间可以感受到这家日本企业永续经营的用心与细腻之处。

考量无印良品的做法，的确做到了帮顾客找到问题，并设法协助排除令人感到困扰的事情。也难怪这么多年下来，大家对无印良品还是如此情有独钟了。

前阵子，我看到一个冷气机清洁杀菌服务的广告，打着“让您享受健康好空气”的诉求，同样也让人留下深刻的印象。

不同于传统广告只是强调特性、功能或价格的做法，“中保空调洁菌+”告诉人们为何要清洁冷气机。这是因为，经年累月使用的冷气机内藏有许多看不见的细菌、尘螨、毛屑及灰尘，在潮湿闷热的环境下，它们成为孳生过敏源的温床，同时也可能让冷气越吹越不冷。

夏天是重度使用冷气机的季节，也是清洁冷气机的关键时刻。所以，中保空调的广告一开始就点出为何要清洁冷气机的问题，也让消费者意识到并非冲刷洗滤网就可以做到，而需要借助专业人士的服务才能彻底清洗。

在影视广告（CF）中，可以看到“中保空调洁菌+”的服务人员在开始清洗冷气机之前，做了如架设集水罩等事前准备，以确保清洗过程滴水不漏，不但让人感受到他们的细心之处，也在无形中增加了许多的好感。虽然也不可免俗地在影片之中比较清洗前后的微生物含量差别，同时也提到了一些专业术语，但把这些桥段安排在后段部分，也让人不怎么会心生排斥。

我们再来看一个例子吧。说到运动相机（GoPro）这款便于随身携带的摄影机，大家很容易就把它和滑雪、登山、冲浪或跳伞等户外运动联想在一块儿。虽然GoPro很强调冒险精神，很能激发顾客对于记录精彩人生的渴望，但他们也很擅长说故事，特别是表达出人性温暖的一面。

在全球知名的影音网站优兔上，可以找到一段使用GoPro所拍摄的影片。这段名为《消防队员拯救小猫》（*Fireman Saves Kitten*）的影片，至今观看次数高达319万次，显见其受欢迎的程度。

凭借着消防队员身上的GoPro，如实地记录了某位消防队员在火场中救出一只奄奄一息的小猫的真实故事。看到这个英勇的打火英雄给小猫套上氧气罩，又用湿毛巾帮小猫擦拭身体，无需太多的言语便传达了人道精神。直到影片最后，才缓缓出现GoPro的产品图片、标志与“Be a Hero”的标语。

看完这段影片，不但油然而生对救火英雄的敬意，以及对幸存小猫的怜爱，自然也能激发大家使用GoPro的动机和渴望。

说故事，自然也属于内容营销的一环。乔·普立兹（Joe Pulizzi）和纽特·巴瑞特（Newt Barrett）在《内容营销塞爆你的购物车：数字时代吸金法则》[1]一书中提到，内容营销是准确了解顾客需要知道什么，再以吸引人的方法传递给他们的艺术。

整体而言，用故事来传递愿望、使命，再用情感来吸引顾客，不但可以让人留下深刻的印象，更能有效建立利益与价值的链接。

话说回来，想要做好内容营销，势必先从满足顾客的需求开始，若能协助解决问题，未来才有机会让他们愿意买单。

读到这里，您知道该在故事之中嵌入哪些元素了吗？

① 麦格罗・希尔国际出版公司2009年10月出版。

第四节 善用场景联结产品与顾客

我们都有自己要追求的人生，自己要编织的梦想，我们都有能力实现愿望，只要我们持续相信。

——美国小说家、著名小说《小妇人》作者
路易莎·梅·阿尔科特（Louisa May Alcott）

您还记得2014年曾红极一时的“冰桶挑战”（Ice Bucket Challenge）吗？那年夏天，在社区媒体上到处可以看到一群人接力挑战，玩得不亦乐乎。不只是网络圈的朋友玩得兴高采烈，甚至连许多社会贤达也主动加入了战局。

很多人开始对“冰桶挑战”感到好奇，甚至探讨这个事件何以会掀起全球性热潮。其实，其成功真的很简单，主要就在于让参与者将情感与公益事件联结；再加上挑战活动的游戏规则很简单，又富有乐趣，人们也就愿意为这个活动背书，甚至不惜尝尝被冰水淋身的滋味。

从“冰桶挑战”的病毒式传播中，您是否得到一些启示呢？如果我们可以善用联结的力量，不但能够让人宛若置身于故事之中，有一种身临其境的感觉，更能够有效帮助产品或服务的营销、宣传。

想要拉拢顾客和您同道，有时动之以情还不够，也不能只晓之以理，更不是一味地给予利益就可以办到。虽然我们已经知道了说故事的力量，但背后还是有许多的“眉角”。

故事营销的起点，必须从人的欲望和情感层面出发。尽管每一个故事都有不同的开场，情节和特殊场景的安排也都不尽相同，但仔细归纳起来，还是可以整理出七个元素，包括：主题、角色、场景、情节、气氛、观点与对话。我们可以把这七个元素列成一张检核表，随时放在案头上。当你开始练习用文字来讲故事的时候，不妨检查一下是否漏掉了什么东西。

在这七个元素之中，我想特别跟大家提一下场景。顾名思义，场景就是指故事发生的时间、地点和情境。而建立场景的目的，其实就是便于联结产品与顾客，帮两者搭建桥梁，使其自然产生关系。

关于场景的建立，可以举一个例子来说明。好比以前如果谈到北投公园，大家可能只会想到这是一座设有露天温泉的公园，也是继圆山公园和台北公园之后，台北市所成立的第三座公园。但如今一提到它，可能很多游戏玩家就会双眼发亮——因为北投公园有许多的水箭龟和快龙出没其间，俨然已经成为精灵宝可梦游戏的热门抓宝地点。

精灵宝可梦可能有“退烧”的一天，但我相信未来当大家提到北投公园的时候，一定还是会有人津津乐道有关2016年的那段传奇。

著有《场景革命：重构人与商业的连接》[①]一书的作者吴声曾指出，未来的生活图谱将由场景定义，未来的商业生态也由场景搭建。由此，也可看出场景的重要性。

举例来说，如果现在要您帮一家汽车租赁公司设计广告文案，您会从哪里着手构思呢？是诉求租车的便利性，还是凸显高服务和低价格的巨大差异呢？如果我们能够运用说故事的技巧，除了可以搭上“共享经济”的话题，更可从租车能够省事和增添生活乐趣等层面切入。

除了诉求不必花费时间和精力养车等优点之外，其实也不妨从开车时常出现的场景来思考：先想想，到底会有哪些人或需求要租车呢？我们可以事先针对那些想要尝鲜、开不一样的车的雅痞人士，或是全家开心出游、享受旅游乐趣的族群进行区分和定位，再来拟定不同的营销策略。

懂得结合时事，再搭配场景的运用，往往就会形成一个有力的钩子，有利于吸引消费者上钩。而无论是图文并茂的信息，或是带有情感的事物，都是有助于创造场景的媒介。

像前阵子，我曾看到一则“庆城街1号”飨乐美食广场所推出的网络广告，上面主动提及“训练师请注意，本商场有罕见大葱鸭出没驻足”，明眼人一看就知道这是怎么一回事。说穿了，无非就是希望吸引

① 机械工业出版社2015年7月出版。

玩家前来抓宝。值得称赏的是他们的文案也写得很简洁、到位，“来抓宝，顺便吃饱饱”，不但押韵还很好记呢！

他们更在官方网站上大肆宣传，只要消费者在9月30日前展示出在庆城街1号任何捕捉到的神奇宝贝照片，即可享有美食街指定专柜消费9折起的优惠。

这个广告文案的推出，来得相当及时。不但搭上了精灵宝可梦热潮的便车，也有效地把自家的商场变成精灵宝可梦的抓宝圣地，真的非常聪明。正所谓“人潮就是钱潮”，把产品和消费者进行联结之后，自然也就有源源不绝的商机涌入。

故事营销首重体验，唯有让人可以感动，并且乐于分享，才有机会品尝到成功的果实。

第七章

如何经营自己的社交网络媒体

第一节 从文案写作到社交网络营销操作

最具威力的营销手法，是把大众与媒体一起拖下水；一传十、十传百，才能让您的品牌与产品信息传遍全世界。

——口碑营销专家、《三张嘴传遍全世界——口碑营销威力大》作者马克·休斯（Mark Hughes）

根据美国市场调研公司尼尔森（Nielsen）的研究，美国人每天有近四分之一的时间用在社交网络上，显见社交网络媒体与人们的关系有多密切。

而在中国台湾，大家使用社交网络媒体的情况也非常普遍。根据资策会产业情报研究所在2014年6月所发布的《网络社群使用现况分析报告》，发现有高达96.2%的台湾网友近期曾使用社交网络。进一步调查社交网络的使用行为可以发现，网友最常利用社交网络“与亲友联系”（占82.8%），其后依次为：追踪喜欢的网友、博客（占46.4%），追踪特定的主题性关注者专页（占35.1%），追踪喜欢的品牌（占

33.1%）与追踪有兴趣的名人（占28.4%），调查显示维系社交关系是台湾网友首要使用的目的。

另外，根据脸书委托特恩斯市场研究公司（TNS）进行的调查显示，脸书是台湾人发现新事物的地方，人们也乐于在脸书上购买产品并分享他们的购物经验。另外，2016年7月14日在美国纽约与日本东京股票交易所上市的“连我”（LINE）公司，在中国台湾也拥有相当高的占有率，“连我”这款行动通讯软件的用户数在2015年就已超过1 700万人次，高居全球第三，仅次于日本与泰国。

众所周知，“社交网络营销”就是通过社交网络媒体或数字工具的协助，让企业得以传达重要信息给目标受众或潜在消费者。更关键的是要让消费者能够在收到信息之后，进一步转换为具体的行动。

我们在前面的章节谈到许多有关文案写作的技巧，相信各位对如何构建一篇文案，不但有了长足的认识与了解，现在也应该胸有成竹吧。

大家除了可以在各种平面、电子媒体或广告上看到文案的身影，也能从许多社交网站上读到各式各样精彩的内容。而谈到“社交网络营销”，一般人可能会立刻想起就是通过脸书或“连我”来传递产品、服务的信息。其实社群平台的范围甚广，无论是早期以文字接口为主的电子公告牌系统（BBS），或是Web2.0时代所盛行的博客、讨论区与影音频道等，都可算是社交网络媒体中的一员。

而每一种社交网络媒介所采用的内容形式与经营重点，往往也各有巧妙不同，所以我们必须针对媒体属性与目标客户的特性进行分析，进而拟定适用的营销策略。

现代的消费者愈来愈聪明，不再只是单向吸收信息，上网时也不会仅聚焦于各家产品、服务的广告信息，而是开始关注能够足以让他们的需求被满足的品牌或解决方案。故而，唯有重视“使用者体验”的企业，才能顺利启动社交网络时代的数字营销，并让众人呕心沥血所制作出的文案更具有渲染效果和渲染力。

通过前述数据的解读我们可以感受到，伴随社交网络媒体的崛起，全球正刮起一阵“关注者经济”的风潮——比如，媒体人罗振宇通过微信上的“罗辑思维”公众号，一口气在国内卖出了4万盒月饼；日本的少女偶像团体AKB48，推出七张唱片的总销量累计超过3 000万张。

“关注者经济”正盛，综观其运作模式，不难发现系以消费者为主角，而主要的营销策略与诉求，更是从社会层面与情感面出发。而与关注者互动的重点首在真诚与持续，社交网络经营者切记不能仅追求一时的流量，而忽略了其他细节。

换言之，也唯有用心理解关注者们的真正需求，并且懂得“换位思考”，再通过图文、影音等优质内容的加持，方能谈得上“社交网络经营”，进而迈向成功。

谈到社交网络媒体的经营策略，我认为应该特别注意以下几点：制作高质量内容、确保高开放性、提升参与度、专注于特定可盈利的市场，以及拥抱独特文化。

想要把社交网络媒体经营得有声有色，首要之务当然还是要有好的内容打底，唯有重视文案质量，才能持续吸引网友的眼球。而社交网络媒体的开放性和参与度，也是社交网络经营的关键，更应该被经营团队所重视，而这也会比单纯计较关注者数量更来得重要。

此外，为了凸显自家社交网络的特色，我们也可考虑锁定特定群体或可盈利市场，进而建立独特的风格与文化——就像谈到笔记本电脑、相机等信息家电（3C）产品时，我们会立刻想到人气鼎盛的"Mobile01论坛"，而如果聊起电视游戏机、电子竞技运动的话题，就会联想到巴哈姆特电玩信息站。

诚然，想要做好"社交网络营销"，我们需要注意很多的细节，而一个成功的社交网络经营者，更应该做一个好的聆听者，并具有喜爱分享、真诚不做作、乐于响应、有耐心、擅长于运用简洁有力的文字与掌握新闻动态等人格特质。

正所谓"罗马不是一天建成的"，"社交网络营销"的操作很难速成，往往需要投入更多心力与资源，并经过一段时间的耕耘，方能取得成效。

接下来，我将分别为大家介绍有关官网、博客和脸书关注者专页等不同类型的媒体的经营策略。

第二节　官网

您如何看待一个问题，比这个问题本身更重要。所以，请常保持正向思考。

——美国知名励志作家诺曼·文森特·皮尔（Norman Vincent Peale）

早期谈到官网，大家总会被那个“官”字所束缚，以为只是一些冷冰冰的政府部门或企业网站，上面充斥着一堆严肃、“八股”或无聊的信息，也常带给人一种死气沉沉的刻板印象。

其实，官网是官方网站（Official Website）的意思，也是一些机关、企业或团体为了呈现其创办宗旨与经营理念所成立的一种网站。根据互动百科的介绍，官网通常具有权威、公开与特定用途等特性，不但是最及时的信息传播途径，更是品牌形象的第一站。

我们以统一星巴克公司的官方网站为例，在上面除了可以看到当季主打的咖啡饮品与相关产品外，也能够快速了解星巴克公司的企业信息、伙伴招募等信息，更可以看到他们的社交网络经营策略，以及对顾客的具体关怀。而善尽企业责任与建立品牌形象，也是星巴克公司近来所重视的公共议题。

再举个例子，创立于1978年的家得宝公司，是全球最大的家具建材零售商。他们在自己的官方网站上，不但陈列了丰富的家居用品信息，同时也为各种居家修缮的主题提供了详尽的教学文章和影片，比如安装灯饰教学、如何把梯子斜倚在墙上比较安全，以及节省室内空间的解决方案等。

通过多元而分众的主题内容，不但容易吸引潜在顾客花比较多的时间驻足观看，也更能让目标客户对家得宝公司的品牌建立信任感。

1911年创立于美国的IBM公司，是全球首屈一指的信息技术与业务解决方案提供者。IBM公司的官方网站设计简单大方，营造出一种让人安心的专业感，上面也提供非常多的信息，更通过真实的个案研究，让来自世界各地的企业客户们相信IBM公司所提供的信息，恰好是他们所真正需要的。

换言之，历史悠久的IBM公司不只卖计算机软、硬件，如今更走在时代的前列。他们不吝于在官网上提供丰富的信息，也积极为来自不同国度与产业类别的企业挑选适合其发展的技术与解决方案。这样做的目的不只为了销售，更为了建立品牌形象。

从以上的几个不同形态的官网，我们可以理解，目标受众是否愿意时常造访您的网站或购买产品、服务，关键并不在于网站美观与否，而取决于网站能否精准传达信息、品牌与形象，并具体协助客户得到必要的帮助。换言之，服务设计和使用体验，可说是官网经营的两大重点。

再帮大家整理一下经营官网的重点。首先，要确定目标受众是哪些群体。想想统一星巴克公司官网、台大医院网站，以及政府网站的使用群体会有哪些本质上的差异；不同的用户轮廓和使用特性，会反映在哪些地方；这些网站用户又需要哪些信息，或得到什么协助。

其次，官网所传递的信息，不但反映了经营者的身份、地位，我们也要思考网站的内容（包括文字、影像或图片等）是否合适地代表了该团体、机关或企业的形象。如果网站上有不合时宜的内容，也要记得列入改版计划，尽快针对缺点进行改善，以便在目标受众的心中建立一致的形象。

很多人之所以浏览机关、团体或企业的官网，很大一部分的原因就是为了要取得特定的信息。为此，网站经营者或负责撰写官网内容、文案的工作人员，要谨记时常问自己："有没有理解使用者的需求？"

在网站内容的设置上，请尽量避免使用花哨的词汇或难懂的专业术语，我们应该定期重新检视自家网站，看看有没有从客户的角度去思考问题，以及他们需要得到哪些协助。

第三节　博客

我们网站流量成长的制胜关键，就是训练编辑在十五分钟内为每篇文章拟出二十五个不同的标题，并且逐一测试读者的喜好反应，最后再挑出最受欢迎的标题。

——美国社交媒体优普沃斯（Upworthy）总编辑
亚当·莫德凯（Adam Mordecai）

伴随社交网络媒体时代的来临与行动装置的普及，以前有不少的网友会针对生活大小事来书写博客（网络日记），而现在这样的习惯也受到冲击——很多人开始把生活重心转移到以脸书为首的社交网络媒体上，每每造访一个新景点就立刻购票；而看到有趣的事物，也会随手用智能手机拍张照片，再发到脸书或照片墙（Instagram）上分享给诸亲友。

这种快速产生内容，并可获得朋友们点“赞”的互动方式，正逐渐取代博客的地位，成为今日社交网络生活的主流风格。对分享者而言，一来可以营造个人品牌形象，二来也会隐隐产生一种虚荣感或营造出存在感；至于一般的浏览者，也只需随手点个“赞”作为响应，似乎不用花太多的时间参与互动。

不过，脸书虽然方便，传播效果也不错，但毕竟不是我们的“主场”（以往，某些关注者专页因触犯站规而被关停的事情也时有所闻），更无法确保这些内容能够长期留存，也不容易搜寻。加上博客也仍有利于搜索引擎优化，方便存盘、留言、订阅和查询等具体优点，我并不认为它过气了。

不管去痞客邦、博主（Blogger）申请一个博客空间，或自己尝试使用开放源码程序（WordPress、Joomla或Drupal）来架设博客平台，都是一个有利于个人、企业或团体与目标受众进行互动、交流的渠道。

架设博客的难度并不会太高，除了考虑技术层面外，我们要做的就是规划博客的架构、单元，并拟定一套发文的规则与频率，设法多书写有意义的内容，并通过图文、影音的呈现方式，开启与目标受众之间的对话。

一如《超棒小说这样写》[①]这本书的作者詹姆斯·弗雷（James N. Frey）所言，“你写得愈多，你就写得愈好！就像是拉小提琴或弹钢琴一样，或许任何一种艺术行为都是这样。在我出版第一本小说之前，我已经写了超过500万字。我有一叠又一叠的手稿，不停重写、重写，

① 云梦千里文化创意事业有限公司2013年9月出版。

再重写。”

接下来，也跟大家分享几个我常阅读的博客。而通过观摩，我们也可以向这些博客的经营者偷学几招。

如果您对餐饮业有兴趣（无论是美食“饕客”，或有志投入餐饮类型创业），那么一定要看看“就爱开餐厅”。这个博客是由资厨管理顾问股份有限公司（iCHEF）独家赞助，本着“想让开餐厅变一门更好的生意”而成立。我认为，这不但是相关行业人士必看的博客，也是大家不可错过的重要情报来源。

“就爱开餐厅”的版面配置很清爽，图片与文字的搭配也很吸引眼球，让人可以很快掌握诉求重点和主要的单元项目。再看看博客的主要内容，都是锁定在开店创业、管理与营销等方面，让有志于从事餐饮业的朋友，可以从博客的诸多文章中快速获得所需的信息。

“就爱开餐厅”是由企业所经营、赞助，而由博客作者所独立经营的博客也非常多，主题更是相当多元，从信息科技、计算机教学、旅游、美食、时尚、文创到政治评论、投资理财等应有尽有，大家可以关注自己感兴趣的不同类型博客，或者订阅他们的聚合内容（RSS）。

我们常需要搜寻好用的网络资源，以往也有很多热心的博客作者会帮忙整理各种使用攻略或秘笈。每当我有类似的需求时，就会立刻想到由好友佩里克（Peric）所经营的“免费资源网络社群”，定期上他的博客去挖宝。

佩里克虽然很年轻，但已经有超过10年的写博客经验。这些年来，他专注于帮大家搜集各种方便、好用的免费资源，不但建立他在这个领域的专业形象，更因为时常帮人解决问题，也累积了丰富的阅历和人脉。写博客，诚然需要有热情，而经过书写所产生的有形和无形资产，也都是博客写作过程中不可忽视的附加价值。

接下来我要跟大家介绍“台湾好农博客”（http://blog.wonderfulfood.com.tw/），从博客的名称就不难看出这是一个矢志推广与分享中国台湾地区当地农业与食材的博客。从网页上方的导航栏，我们可以很快抓住重点。这个博客除了提供食材介绍、美味食谱、生活小妙招、节气养生、产地故事与专栏报道等信息，还结合了网络商城，让有兴趣的目标客户可以在看完文章的介绍之后立刻下单，享受网络购物的便捷服务。

“台湾好农博客”的市场细分很清楚，主要锁定婆婆妈妈，或是对农产、食材有兴趣的上班族朋友，所以不但刻意放大了字体，也很重视排版和图片的搭配。为了丰富博客的题材与内容，“台湾好农博客”也对外征求博客写手，并提供稿费，表达对于创作者的尊重。这种做法自然吸引了很多具有创意的读者前来投稿与分享，很值得鼓励与参考。

最后，再跟大家分享一个共同创作类型的博客：“慢功夫”（https://downshift.today/），是由我和一群朋友共同创立的。有鉴于现代社会凡事都讲求快速，但我们终究不是机器，唯有保持快慢有致的步伐，才能让生活维持美好的样貌。所以，希望通过共同书写的方式，协助大家寻找工作与生活的平衡——不只放慢生活步调，更要重新找回适合的节奏，并专注于个人价值的实现。

很多企业开始着手成立博客或自媒体时常有一个困扰，那就是不知道该如何产生内容。如果光要靠编制内的社交网络编辑或员工来供给，可能一时之间很难提升数量，也不易兼顾质量。这时，除了可以效法“台湾好农博客”对外征求稿件的做法，或许也可设定一个主题或方向（如文创、科技或美食等），并邀请对相关领域有兴趣的朋友一起来耕耘。

好比以“培育全球Startup渴求的人才”为宗旨的阿尔法营（ALPHA Camp）博客，他们的博客就锁定在创业相关的领域，邀集行业内的专家来分享各种在创业的历程中所需的信息、知识和技术等。持续经营一段时间之后，这个博客很自然就成为创业信息的重要情报站，也汇聚了一群对创业感兴趣的读者。

而这样的做法，也有助于阿尔法营博客对外宣传他们引以为傲的创业育成课程，不只对招生业绩有具体的挹注，也得以在华人创业圈中建立该公司的专业形象。

第四节 脸书关注者专页

抓住时机并快速进行决策，是现代企业的成功关键。

——美国斯坦福大学教授凯瑟琳·艾森哈特（Kathleen M. Eisenhardt）

话说，当今全世界最广为人知的“书”，可能已经不再是《圣经》《可兰经》等宗教经典，而是人生没有它就失色许多的“脸书”。

创立于2004年2月4日的脸书，成立至今已有十多年的历史，不但陪伴全球15亿人度过每一天，也是大家工作与生活中不可或缺的社交场所。

谈到脸书，许多人自然也关注其关注者专页（Fans Page）的经营。关注者专页的经营指标，从早期大家单纯只重视点“赞”的数目，到现在转而留意点击率和分享数，个中发展也有长足的进步，甚至可用“今非昔比”来形容。

脸书关注者专页不但改写了社交网络的脉络，更成为许多企业对外发声的重要渠道，如今俨然是社交网络营销的兵家必争之地。众多的社交网络编辑每天忙着准备题材和吸引人的想法，希望用犀利的标题、文案或可爱的图片、影音来吸引网友，进而通过与关注者的互动，来推广企业品牌的形象或宣传产品、服务。

经营关注者专页的好处虽显而易见，但伴随着商家之间的激烈竞争，以及脸书网站开始重视营利绩效，也使得经营关注者专页的成本愈来愈高。

此外，根据波仕特公司在2015年底针对台湾地区1797位13岁以上人员进行的调查，追踪1至5个关注者专页的人占半数以上，会关注6至7个关注者专页者只占8.5%。这项数据也许无法放之四海皆准，却也意味着全球的关注者专页数量虽然激增（总数更在2015年12月正式超过5000万），但一般人会主动关注的关注者专页也仅有三五个。

回顾脸书关注者专页的经营历程，以往商家的经营重点，可能放在贴文的次数、关注者数量，后来又开始重视与关注者的互动及信息的转发次数，而如今点击率成为大家重视的焦点。但我们赫然发现——要取得“赞”数或提高点击率，除了可借助投放脸书广告来扩增受众基础，更要有一套完整的社交网络营销策略。

根据统计，有68%的消费者会上社交网站查询口碑，更有高达93%的网络体验从搜寻开始，所以对于预算有限的商家，更要懂得善用类似脸书的社交网络媒体与内容营销的方法。

如果我们把内容视为是有用信息的集合，那么营销就是可以创造能满足目标需求的交换活动。而这两者交会所产生的对话，也就激荡出吸引人的营销方针了。换言之，内容营销是与顾客沟通但不主动销售的艺术，它只传送有用信息，不刻意推销产品，而这也和关注者专页的特性不谋而合。

接下来，让我们来看看几个经营有成的关注者专页，也观摩一下他们如何撰写文案，以及怎么跟关注者互动。

案例一

早安健康

关注者数：73.6万（截至2017年3月23日）
性质：保健类型平面媒体

《早安健康》是一种健康领域的杂志，目前以双月刊的形式发行，创刊之前便开始经营关注者专页，之后又陆续建设自己的官方网站，并投入电子商务的尝试，开始在网站上销售产品。

仔细研究《早安健康》关注者专页的特色，可以发现他们很擅长于运用内容来进行沟通，甚至以简单明了且带有可爱风格的图文，把复杂的医学或保健原理，拆解到连老年人和中小学生也能看得懂和易于消化的内容。举例来说，针对很多人容易发生的晕眩、膝盖痛或坐骨神经痛等身体不适的现象，《早安健康》的编辑便事先搜集资料，并绘制成易于掌握的穴道图，让网友看了就可以当场学习操作，进而缓解疼痛。

另外，有鉴于影音内容开始受到欢迎，《早安健康》的编辑团队也开始尝试录制影音，并剪辑成长度约一分钟的教学影片。举例来说，当天气变凉的时候，《早安健康》随即请中医师传授自行用电饭锅烹调“滴鸡精”的作法，也相当受到欢迎。而等到时序进入夏季，就传授“拉拉耳朵”就能改善水肿、失眠的小偏方。

《早安健康》编辑团队还有一点值得参考，那就是用亲切的口吻与关注者互动，感觉就像是一个邻家的姊姊对自己嘘寒问暖一般，让人感到很温馨。然而，很多针对关注者团的编辑躲在屏幕后面，却忽略了关注者专页同样需要塑造独特的个性。

案例二

阅读

关注者数：109.2万（截至2017年3月23日）
性质：阅读出版

在当下这个年头，想要经营百万级别的关注者专页并不容易，但是由郑俊德所率领的“阅读”团队却真的做到了。他们既非大企业，也没有很多外界的支援，却凭着一股对品味书香的热爱与坚持，一步一个脚印到达这个里程碑。

综观“阅读”关注者专页，主要就是社交网络编辑说故事，搭配美丽的图片来述说一段生活故事。看似平淡，却留下永恒的韵味，也符合内容营销法则中所提到“满足客户对有用信息的需求”。

搭配关注者专页的传播，便能有效将人潮导引到“阅读”的官方网站，即使关注者团已有破百万的关注者，但对“阅读”关注者专页的经营团队来说，“建立主场”也是相当重要的，而这种导流的做法也值得大家参考。

案例三

毛起来洗

关注者数：15.6万（截至2017年3月23日）
性质：宠物

可爱的宠物和小孩，大概是网络上最吸引眼球的生物。根据国外某项统计指出，英国每十只宠物之中就有一只拥有脸书或推特（Twitter）账号，可见它们的魅力非同小可。打开脸书，也可发现许多宠物都拥有关注者专页，像国外的Boo，关注者数高达1728.5万人。而由志铭与狸猫所经营的“黄阿玛的后宫生活”，关注者数高达112万，或是老牌的“宠物信息关注者团”也有59.4万名关注者，这两者甚至远比坊间不少的明星、艺人更具有社交网络的影响力。

但我们也赫然发现，宠物社交网络虽然普遍受到大家的欢迎，但并不是所有以宠物为题材的关注者专页，都能经营得有声有色。其中，由莫奥数字股份有限公司所负责经营的“毛起来洗”，堪称是宠物圈的新锐，很快就累积了超过15万名关注者，可谓来势汹汹。

打开“毛起来洗”的关注者专页，我们可以看到清新、可爱的图文介绍，让人有种舒服、放心的感觉，仿佛看到喜爱的狗正在跟你摇尾巴。虽有产品介绍，但编辑以让潜在客户获取有用信息的方式来进行推广，可以降低许多人的抵触心。整体而言，“毛起来洗”的版面相当清爽，再搭配可爱的图文影音，相信会让很多喜爱毛小孩的网友纷纷点“赞”。

综观以上几个关注者专页，虽然领域各有不同，经营方式也各有巧妙，但不难发现负责经营这些关注者专页的社交网络编辑们，心中都有很清楚的营销策略蓝图：不仅知道他们的关注者会对什么内容感兴趣，更清楚要提供哪些信息才能打动人心。

正所谓“千里之行，始于足下”，想要经营一个有声有色的社交网络媒体，并非一蹴而就，往往需要投入大量时间和精力去打造，才有可能会成功。

从文案撰写出发，我们不但要注意内容的形式、体裁和属性，更要关注内容运营与营销策略的整体规划。经营社交网络媒体，不是随便成立一个关注者专页或在博主、痞客邦开个博客就可搞定，社交网络营销的重点更不只是关注者数量而已。

第一步便是盘点我们手中的资源（包括人力、物力与广告预算等），做好市场细分与锁定目标客户，然后针对这些特定群体来拟定内容运营方针与营销策略，并且积极地与这些受众“交心”。

第八章

不同类型的文案怎么写

第一节 新闻稿

传播知识，就是播种幸福。

——瑞典化学家、炸药发明者阿尔弗雷德·诺贝尔

(Alfred Bernhard Nobel)

谈到文案写作，除了产品文字宣传外，新闻稿应该是大家常见的文件类型。也许您会认为撰写新闻稿是公关或编辑的工作，但现在已经进入了“全员营销”的年代，即使撰写新闻稿不在自己的工作范围之内，但趁机来了解和学习一下，也是很不错的。

什么是新闻稿呢？根据维基百科的介绍，新闻稿是由公司、机构、政府或学校等单位发送给传媒的通讯文件，用以公布有新闻价值的消息。

不同单位所撰写的新闻稿，目的也往往大相径庭。好比有的稿件是为了公布人事安排，有的则是公布得奖信息、处理企业危机，当然最常见的是为了宣传新上市的产品或建立品牌形象等。整体而言，常见的新闻稿可大致区分为产品营销、企业决策、人事安排、消费信息、公益活动、危机处理与上市公司财务公告等类型。

一般而言，发稿人会希望新闻媒体原稿照登，不过新闻记者有时会因为篇幅或报道方向等考虑，而针对新闻稿进行编辑、改写或把相关主题的新闻稿并稿处理。有时，广告商亦会付款给媒体或出版商，希望刊登这些稿件以达到宣传效果。

每天，各家媒体的记者都会收到大量新闻稿，但您可曾想过：为何只有某些稿件会被刊登，但大多数的新闻稿都被送进了垃圾桶呢？这个问题很简单，我们不妨先问问自己：“什么样的新闻才会吸引人观看呢？”

这一切必须回归新闻价值（News Values），也就是新闻记者用来判断事件重要性和新闻性的标准。根据MBA智库百科的整理，新闻价值的构成要素包括：客观性、新鲜性、重要性、显著性和趣味性。另外，时效性和地域性也很重要。就好比我们会较为关注最近发生在生活周遭的大小事，但对于距离遥远的国家、地区所发生的新闻事件，往往就比较无视或疏于关心。

擅长于诠释新闻价值的新闻稿，往往就会获得媒体的青睐。举个例子，2016年4月时，瑞典家电品牌伊莱克斯（Electrolux）公司推出精品系列（Masterpiece Collection）调理果汁机及手持搅拌棒两款厨房小家电，邀请入选“全球百大名厨”的江振诚担任产品代言人。因为搭上这位曾被喻为“印度洋最伟大厨师”的光环，所以当时这则新闻曾被许多主流媒体报道。

同年7月下旬，“新加坡米其林指南”公布评鉴结果，传出江振诚旗下的新加坡安德列餐厅（Restaurant ANDRÉ）一举摘下二星殊荣，而这也是在中国台湾首位获得米其林二星肯定的名厨。伊莱克斯公司立刻抓住这个大好机会，搭上父亲节档期在百货经销商限定优惠期内推出代言产品，果然再次吸引各家媒体的大幅报道。

分析这个案例，伊莱克斯公司就是抓住了时效性（父亲节）、显著性（名厨光环）和新鲜性（台湾首位获得米其林殊荣）。

除了要彰显新闻价值，在撰写新闻稿的时候，我们也要先确认目标受众是哪些人？他们在乎什么事情？唯有针对特定受众的喜好，并了解媒体的需求，才能挥出一支全垒打。

发布新闻时，不要只顾着宣传自家的产品或品牌形象，更要思考这个新闻是否对社会大众有所帮助，或对整体产业、市场有无冲击。若能再与热门的时事相互呼应，就会比较容易获得媒体的青睐。

好比去年不幸发生的桃园游览车火灾事故，引发社会大众关注，“486先生的关注者团”便与豪泰客运公司合作，分享“一分钟逃生教学2016版”的影片。此举不但成功登上媒体版面，也唤起大众对于游览车安全的重视。

谈到新闻稿的撰写，“倒金字塔结构”是最广为人知的写作规则和叙事结构。根据维基百科的介绍，“倒金字塔结构”系指在一篇新闻中，先是把最重要、最新鲜、最吸引人的事实放在导语中，导语中又往往是将最精彩的内容放在最前端；而在新闻主体部分，各段内容也是依照重要性递减的顺序来安排。犹如倒置的金字塔，上面大而重，下面小而轻。

简单来说，倒金字塔式的写作原则和传统主张“起承转合”的文章，其写作方式的最大不同点，在于把最重要的信息写在前面，然后将各个事实按其重要程度依序写下去。

换言之，倒金字塔式的写作方式一开始便以简洁的文字点出最重要的信息，简单扼要地列出阅听者所需要知悉的内容或信息，并在结尾带有行动呼吁（Call to Action）。当然，在文末处别忘了附上公司或组织的简介与联络窗口，以便消费者或目标受众的咨询、联系。

“倒金字塔结构”据传起源于美国南北战争时期，和电报的运用有关，之所以至今仍被许多报纸、杂志所采用，固然是有其历史因素，但也因为“先说重点”的特性，在这个注意力已俨然成为稀有货币的年代，让大家可以快速掌握重点。故而这种写作原则，仍有其重要性。

新闻稿的写作元素，一般而言包括了标题、发稿日期与地点、重点摘要、稿件主体（主要内容）、公司简介与新闻联系方式。在这些元素之中，最重要的自然非标题莫属，在短短一行文字中，可以适当引用热门时事或特定的关键词，当然也可把自家品牌或产品名称置入，再结合一些悬念玩些文字游戏，设法勾起记者的兴趣。

一篇言之有物的新闻稿，要能回答以下这五个“W”：发生了什么事（What）、谁负责主导这件事（Who）、这件事发生在何处（Where）、这件事何时发生（When），以及这件事为何会发生（Why）。写好新闻稿之后，建议先朗读两次，确认上下文的脉络无误，也可请同事帮忙检查有无错别字。如果您对这份新闻稿没有太大的把握，也可以先把草稿写好，酝酿几天之后再重新检视：一来可避免文意不清、模棱两可之处，二来也可确认有无需要补充或调整的地方。

而在发送给媒体记者的信件中，除了附上文件档（如Word、PDF等格式），建议也可直接把新闻稿内容以纯文本的方式贴在信中，以便记者可直接使用。若有相关的产品、活动照片或影片，也请记得一并提供文档链接，这有助于记者、编辑判断这则新闻的重要性，当然也可增加内容的丰富性。

新闻稿的篇幅不宜过长，一般以一到两页为原则，段落要简短，每段以不超过两百字为宜。也由于采用“倒金字塔结构”的缘故，建议大家要把第一段文字写得铿锵有力，最好是映入眼帘的第一句话就能撼动人心，直接切入重点。

特别要提醒大家，如果提供照片的话，请记得附上图片说明（特别是容易弄错的人物和产品名称），不要让记者再额外花时间去搜寻。而在“公司简介”的部分，除了附上几行制式文字介绍和联络方式的信息外，最好也能一并提供徽标（Logo）图档，以便美编人员收到文档后可直接使用。

第二节　品牌故事

如果您是作家，您在某种程度上就是花一生了解事物，然后把自己的理解写在纸上，让他人阅读。

——2013年诺贝尔文学奖获得者、加拿大作家

艾丽斯·芒罗（Alice Munro）

所有的品牌故事，其实都是从一个个问号开始的。为什么您会推出这个产品？为什么您想要改变世界上某些不方便的事物？为什么您想要为老年朋友提供服务？从问号所带来的若干想法，将会改变人们看待与体验您的产品、服务的方式，而这也是品牌故事能够发挥效用与魅力之处。

根据MBA智库百科的诠释，品牌故事是指品牌创立和发展过程中别具意义的新闻。大多数的品牌故事和品牌创办人有关，有的品牌故事则是品牌创立和发展过程中的重大事件。品牌故事能体现品牌理念，能增加品牌的历史厚重感、资深性和权威性，能加深消费者对品牌的认知，增强品牌的吸引力。

故事是品牌的灵魂，也是品牌管理的基础。而让人容易产生情感认同或激发共鸣的品牌故事，其实并不需要长篇大论或讲述太多的专业术语。令人印象深刻的品牌故事，通常都有清晰（Clarity）、一致（Consistency）与个性（Character）等共同的元素。

首先，要确保您知道自己的核心价值是什么，要花时间去构建您想说什么，以及组织一下您想怎么说这个故事。这是您的品牌故事的主要框架，一定要让人一目了然，很清楚地知道您所能带给大众的主要价值。

其次，为了确保精心打造的品牌故事可以有效传达给目标受众，您必须确保您在所有时间都能以同样的方式来说明或展示相关的信息，以便在市场上建立为客户服务的品牌形象。

最后一个步骤，也是很有趣的一点，就是您要给自己保留一点回旋余地，并为您计划推出的品牌增添性格——是天真、好奇、热情，还是认真、负责。通过这些个性化的设计，才能让人从情感上去认同您的品牌，进而希望与您产生联结。

想想苹果公司推出苹果手机的例子。如果只是为了打电话，为何许多白领阶层都愿意花比较多的钱买苹果手机呢？因为他们购买的不只是一款智能手机，而是买到了一个动人的故事和卓越的使用体验。也因为这样，苹果公司得以与来自世界各地的广大忠实用户建立联结、产生共鸣。后续甚至引发爱屋及乌的效应，让许多消费性电子产品的用户，也连带地喜欢或支持苹果公司所出品的其他产品。

整体而言，品牌故事之所以从“为什么”出发，自然有其道理。不但可以帮助我们厘清思绪与行动方针，实际上也能够协助目标受众确认情感层面的感受，进而认可您的核心价值，并呼应行动召唤而做出采用产品或服务的关键决策。

我们以宜家家居（IKEA）的品牌故事为例，来看看他们如何说。

在宜家家居，我们希望能为大家带来种类多样、价格低廉并且设计独特，让大多数人可以负担得起的家具和装饰品。为了实现这样的想法，我们从产品设计、原料采购、生产制造到在分店中的经营，都不断在创新和寻求改善。

我们知道，如果要提供给顾客便宜、质量又好的产品，企业必须有效地管理成本及运用创新的制造方法，这也正是宜家家居从瑞典斯莫兰（Småland）起步至今，从未改变的信念：最有效地利用原料，寻找更经济、更有效率及更有创意的制作或包装方式，降低成本，回馈给大家！

虽然只有短短的两段话，却清楚地交代了宜家家居的企业文化、品牌定位、消费者权益与具体承诺。

再来看看诚品书店，这个备受许多文艺青年所喜爱的书店，又是怎么说他们的品牌故事的呢?

我们经常这样说，诚品，是城市人的集体创作。

而对于诚品，每个人也有不一样的体验与故事。

这些美好的寄语，我们珍惜并心怀感激，继续努力。

我们愿与所有的朋友分享这些文创工作者的点滴故事，持续前行。

只花了短短不到100个字，就完整地勾勒出诚品的品牌形象与美好情怀。这无疑是具有代表性的好案例，也说明了故事能把人心拉拢在一起的绝妙之处。

除了可以讲述罕为人知的创业故事，或自家品牌在创立和发展过程中所历经的重大事件，品牌故事还能够谈什么呢？知名快餐业者麦当劳，除了告诉我们，“用新鲜人的初衷，把和你见面的每一天，都当作第一天！”还在官网上畅谈企业发展、重要里程、品牌信仰和荣耀奖项，而这些也都是我们可以参考、借鉴之处。

而在这里，我也以一个实际的案例来跟大家说明。过去，我有好几位文案课的学生，在创业的道路上都不约而同推出自己的手工皂作品。其中有一位乔伊斯·陈（Joyce Chen），她不但来上课，课后还和创业伙伴苏珊（Susan）来找我咨询，并给我看过她们的官网和自己写的品牌故事。

我发现，乔伊斯在第一版的品牌故事中写了太多的专有名词和制作细节，比如：“珠光粉为化妆品级用料，主要是在云母细片上披覆二氧化钛，因二氧化钛膜厚度不同而产生各种不同颜色，无毒无害可安心使用。”等等。

看完之后，虽然可以清楚得知乔伊斯手工皂“坚持不使用化学合成香精、色素与动物性来源香料”的决心，但若无法感动消费者，或让人迅速理解内容，进而产生共鸣，那么，说再多也是枉然。后来，我便陪她不断修改品牌故事的内容，逐步地修正，改成一个具有温度和情怀的故事。

以下，则是修改之后的版本：

乔伊斯手工皂：耐人寻味，心之所向

看着亲手制作出的一方方的皂，我常回想当初是怎么爱上手工皂的。其实，我从来没想过自己会成为一个手工皂制作者。会踏进这个圈子，来自一个美好的偶然。

还记得那是一个春暖花开的日子，偶然间某个朋友给了我一块手工皂，一块看起来朴实、没有任何图案花样的手工皂。看起来貌不惊人，握在手心却感觉格外的温暖。也是从那一刻开始，我听见心里有个声音告诉自己："我好想好想学制作手工皂！"

就这样，由朋友带着我制作第一锅皂开始，开启了之后的无数锅。制作手工皂讲究的不只是技巧，更要有浓郁的感情。

一块手工皂由挑选油品、拟配方开始，到切皂、修皂、等待皂熟成……直至包装好交到每位顾客手中，都需要花费无数的人力、心力。试想，若非对皂怀有极大的情感，是不可能制成一块好皂的。

也因此一开始，我只会重复制作没有花样的素皂，直到自己迷上了渲染，迷恋那随意挥洒出的线条与纹路。这时我才领悟，即使只是表达内心的真情，也是需要技巧的，而亲炙一块好皂也是同样的道理。那些过往的经历就这样酝酿和累积，塑就了今天的乔伊斯手工皂。

我们用心制作手工皂，只为了给您最细致的呵护与体验。乔伊斯手工皂的唯一坚持，就是传递一份耐人寻味的幸福，一份可以陪伴每颗心的美好情怀。

瞧，现在这个版本是不是更容易亲近了呢？是否会让您对乔伊斯手工皂产生想要进一步了解或购买的兴趣呢？

第三节　产品文案

只要做出能够让我这种既听不懂专有名词，也对专业知识没有兴趣的人产生极大共鸣的广告就行了。

——日本知名商业设计师、

《开会就是创新的现场：佐藤可士和打造爆红产品的秘诀》作者

佐藤可士和

何谓产品文案？简单来说，就是用一段文字或搭配几张图片来描述产品或服务的特性、利益，并期望借此勾起目标受众的感知与兴趣，进而产生消费行为的整体过程。

有关文案的撰写技巧，其实在本书前几章已经跟大家谈过许多细节了，相信各位也能学会运用表达力、说服力和感动力来写出有效且撼动人心的文案。

但在这里，我想特别提一下，产品文案想要写得好，重点不在于运用多么高超的文字技巧，或写出词藻华丽、气势磅礴的内容——而是要足够了解产品的用途、属性与特色，知道这些文案是写给哪些群体看的，以及思考怎么说才能奏效。

换言之，文笔好不好，或者文案的修辞是否优美，并非产品文案的重点，重点是文案的内容是否浅显易懂，可以肩负起产品销售的使命。要知道，文案必须直指人心，并顺利引发目标受众的好奇心或兴趣，才有可能协助销售，让潜在顾客觉得物超所值，从而有了“心动不如马上行动”的举措。

不同属性的群体，往往关注的焦点也大相径庭。因此，产品文案未必能够适用于所有的群体，而必须因时、因地制宜，针对各种群体拟定具有差异化的内容策略，并具体讲出会让这些受众感兴趣的话题。

比方说，如果我们要卖幼儿布书给初为父母者，产品文案的写法肯定和销售给一般中小学生的课外读物或参考书有所不同。简单来说，所谓的“布书”是方便家长用来教导或协助处在以感官建构对外在世界的认知阶段的婴、幼儿，所特别设计的一种辅助工具，也因此和其他书籍在定位上有很大的不同。

换言之，对于一般学生在课堂上所使用的参考书，大家最重视的不外乎是内容的丰富性、题库的权威性与解答的正确性。当然，也有些家长会关注价格是否合理。但要买给宝宝专用的玩具布书，家长通常不会太在意价格，反而特别在意布书的整体质量与安全性，以免小朋友在无意间因咬、拉、扯、丢、捏或揉等行为而受到伤害。

故而，针对幼儿布书所撰写的产品销售文案，就要从爸妈的角度出发，除了提供详细的使用说明，并强调品牌形象与设计原理外，也要多提提目标客群最在意的材质安全性，以及可重复清洗等好处。

整体而言，我认为理想的产品文案，就是要一肩挑起文意浅显易懂，却让顾客一眼便可明了产品好处与消费诉求的双重任务。举个例子，创立于2005年的“阿原肥皂”，是极具台湾地区特色的本土清洁用品品牌。一般的产品文案会给消费者直观的印象，加深对产品的青睐，但以下面这则名为“与自己和好”的阿原精油系列文案来看，却又跳出了这种境界：

我们心中都有一个漂亮世界
芳香分子引领我们进入那块美好的净土
唤醒内在力量，冻结生命初始的爱与喜悦
阿原精油，开启身体心灵的对话之门
与自己和好，当下最好

瞧，在诉求“与自己和好”的过程中，是不是既有几分诗意，又不经意勾勒出了阿原品牌的特色？

一般而言，撰写产品文案需要注意以下几点：告知产品给顾客带来的好处、阐述产品或服务的独特优势、凸显与竞争者之间的差异、提供令人惊艳的印象及提出行动呼吁、带动持续消费的意愿。

除了以上需要注意的部分，产品文案除了篇幅的不同外，在使用时机上也略有区分：时常出现在我们日常生活中的产品，运用短文案来宣传即可。这是因为大家对该产品已有一定程度的理解，所以不需要过多的解说，且产品往往只有小小的利益点。反观若是比较专业的产品，或产品功能介绍偏向理性的产品，那就适合用长文案来仔细介绍。

撰写产品文案之前，一定要先想清楚产品或服务的属性、利益与销售对象。一般来说，若是需要解说的产品（特别是刚问世的新产品）或高价位产品，可以多使用长文案，借此建立目标受众对新产品的认知与需求，也容易鼓动潜在消费者直接采取行动。

文案的重点不在于字数，因此长文案未必就比较难写，只不过在撰写过程中要考虑的环节的确比较多。如果您没有灵感的话，不妨翻翻一些国内外的商业或财经类杂志，上面不时会有一些不错的范例可供参考。

简要总结一下，产品文案的撰写并没有标准答案，但选择从什么角度切入、用哪种笔触来撰写，往往关系着销售的成败。文案之所以需要精雕细琢，因为它不只是一般的文学创作，虽然还谈不上“文以载道”，但也因承载了营销动机与企图而必须注意目标客户、使用场景与若干的细节。

是以，我们要想写出令人怦然心动的宣传文案，除了文句要浅显易懂、容易朗朗上口外，还得注意字里行间所隐含的脉络、逻辑——是否能精准传达，或有没有做到前后呼应。

理想的产品文案，要能有效提升目标客户的感知，故而先厘清产品的独特销售主张（Unique Selling Proposition），再研拟出相应的内容策略，最后才根据用途与需求来进行撰写。至于要走专业路线，或用诙谐幽默的笔触，则需视市场定位和产品属性而定。

好比走文艺青年路线的“全联经济美学”系列广告，成功地争取到了年轻人的认同；而去年由偶像剧男星邱泽帮御茶园代言的广告，则以诙谐的文案——“不是我喜欢低头，只是能让我抬头的东西太少；喝茶我挑御茶园，使用日本进口绿茶，就是回甘。我的御用品，御茶园。”该文案自然地吸引了许多饮茶者的目光。

如果大家需要着手撰写各种产品、服务的宣传文案，请一定要先准确地设定沟通目标与方向，再思考如何下笔。就像来自美国的云端服务印象笔记（Evernote）公司，他们的产品文案仅用很简洁的几句话就表达清楚：“全部搜集到Evernote——大概念、小细节，以及任何资料都可以捕捉到笔记里，您需要时随时都可以取用。”

请谨记：不要只顾着讲自己想说的，而要设身处地从目标受众的角度出发，否则即使您有再好的创意，倘若无法顺利传递与沟通，或者难以与预先设定的营销目标进行匹配，即使投入再多广告预算，也可能造成资源浪费，一切也是枉然。所以，建议大家一定要审慎思考，谋定而后动。

第四节 登录页

在销售领域中，来自客户的推荐是打开大众抗拒之门的钥匙。

——美国创业家、ebookit.com创办人波·贝内特（Bo Bennett）

在本章的最后一节，我要跟大家谈谈登录页的设计原则及其文案写作技巧。

什么是登录页呢？根据互动百科的介绍，在网络营销的领域之中，登录页有时也被称为“名单搜集页面”，就是当潜在用户点击广告或者利用搜索引擎搜寻之后显示给用户的网页。一般而言，这个页面会显示和所点击广告或搜寻结果联结相关的扩展内容，而且这个页面应该是针对某个关键词做过搜索引擎优化的。

登录页主要有两种类型，分别是参考型的导引页面（Reference Landing Page）和针对交易所设计的登录页面（Transactional Landing Page）。

顾名思义，参考型导引页通常会在页面中显示文字、图片与影音等信息，借以提供给浏览者参考。我们常可以在一些政府部门、协会、机构或公共服务组织的网站上，看到参考型引导页的踪影。

而交易型登录页的设立目的，就是试图说服浏览者完成交易行为或某项行动，比如填写表格、与广告进行互动或者驱动完成登录页上的其他目标，其最终目的便是尽量促使浏览者购买产品或服务。此类网页会通过营销手法，设法取得浏览网页者的个人信息（如姓名、电子邮件地址等），以便后续的营销推广。

浏览者在交易型登录页进行一次交易的行动，被称为转换（Conversion）。而登录页的效率则可通过“转换率”（Conversion Rate）来衡量，也就是流量转换成实际订单的比率。为了提高转换率，营销人员通常会不断选择、测试和改进他们的登录页，并调整所使用的文案内容。而业界经常使用的测试方法，包括A/B测试（A/B Testing）和多变量测试（Multivariate Testing）等。

读到这里，您应该可以理解登录页的用途主要是让目标受众访问精心设计的特定网页，进而促使他们购买产品或服务，或者让这些潜在顾客为了得到某些信息，而允许业者通过电子邮件、电话或其他方式与其联系。此外，设计卓越的登录页也会设计回馈与分享的机制，方便浏览者可以填写意见、评论，或把这个登录页的信息告诉其他亲友或有需要的人。

接下来，我想举几个例子来说明登录页的文案撰写，要怎么写才能吸引受众的目光。

第一个例子，请打开爱彼迎公司官网这个全球旅游民宿平台的登录页，看到斗大的标题文字为“成为爱彼迎房东并赚取收入”。相信任何人都可以一眼看懂这个网页的目的，也就是希望借此在台北招募房源。

这个登录页的设计简单大方，上头笑得开怀的那位女士仿佛正暗示我们，只要加入爱彼迎公司官网的行列，将可以日进斗金。果然，当即就在网页最显眼的地方看到斗大的数字，明确告知大众，只要通过爱彼迎平台在台北出租一套公寓，房东每周平均可收入新台币7 628元。

为了提升信任感，爱彼迎官网还具体地列出许多的好处，如房东可以加入一个相互支持的全球小区，随时都有机会从爱彼迎小区及其他房东身上学习到不少宝贵的知识；另外，爱彼迎公司还提供总额高达新台币3 000万元的房东保障金计划，真的很难不让人怦然心动。

我们再来看另外一个例子。这是一个云端数字服务Airtable的功能介绍网页。打开这个网页，首先映入眼帘的便是硕大的标题，告诉来访者“这是一个被赋予重新想象的电子表格”。

电子表格不就是那样吗，能有什么创新或改变吗？相信很多人读了这句标语，一定会在脑中想起繁琐的Excel表格，更可能产生很多问号。其实，这就是Airtable想要吸引受众的一个小诡计，巧妙地通过“搭便车”的方式来让大家感到好奇。

紧接着，这个登录页立刻告诉我们：Airtable是一个简单却强而有力的组织工具，用您想要的方式来运行。它是一个快速且灵活的电子表格，但提供了清新整洁与现代感的方式，方便用户来处理信息或与工作伙伴进行协作。

看到这里，我相信已经有不少人会迫不及待地点选下方的“Sign up now for free”按钮了！更何况，这项服务是免费的（当然他们也提供了付费方案），因此卸下许多人的担心。

接下来，我想以自己设计的一个登录页来跟大家分享。这是为2016年5月举办的读书会而设计的网页，主要目的是希望招揽对《直觉式涂鸦笔记》这本书感兴趣的朋友一起来阅读。

为了顺利推动《直觉式涂鸦笔记》读书会，我在网页上方除了放置主办单位的联络方式及导读书籍的封面图片，还利用简单的几句话带出这本书的重点：不用长文字，用5个元素、几笔简单线条，就制作出令人惊艳的图像式界面。

我更明确地告诉大家，身为数字时代的新“移民”，我们都需要学会用图画说故事。同时，在登录页中附上过往读书会的活动花絮、照片和影音，更能具体展现这个读书会的运作方式与真实面貌，并且搭配脸书社团的运作，让参加读书会的朋友可以交流、互动。

2017年初，我还为了自己推出的“一杯咖啡的商业启示”付费服务设计了登录页。如果您有兴趣参考的话，也可以直接连上网页（http://www.acoffee.club/）观赏。

通过以上几个案例解说，您是否已经掌握登录页的设计原则及其文案撰写技巧了呢?

接下来，我再帮大家归纳、整理一下重点。

在着手设计登录页之前，我们要先经过一番缜密的思考与规划，确认目标受众是哪些人、销售的目的又为何。之后，再和伙伴一起集思广益，思考如何撰写令人怦然心动的文案。

当然，我们得在登录页中放上独特的魅力点，也就是带给目标受众的利益——好比爱彼迎公司所带给房东的丰厚收益、Airtable帮大家搞定难缠的电子表格，而郑纬筌的读书会可以帮忙碌的朋友们整理书中的重点，等等。

一般常见的利益关键词，如特价、限量、折扣、免运费或独家等，都是可以用来打动人的利器。但值得注意的是不可以太贪心，不要试图在一个登录页面中放上太多的卖点，那样反而会模糊焦点，让人无法迅速理解和掌握重点。

最重要的一点，就是别忘了设计明确的行动召唤（Call to Action）。行动召唤可以是简单的一句标语、一个按钮，也可以是一张让人看了会心一笑的插画，但重点是必须明确反映诉求，且与目标受众期待在您的网页上所看到的内容一致，或直接相关。好比当网友按了“立即申请”钮，就要立刻导引他进入注册流程，最好可以在简单的几个步骤内就开始使用服务。

理想的行动召唤，要和到达网页的内容互相呼应，唯有强化它们之间的关联性，才能让目标受众的使用体验更臻美好，也有助于促进销售。

请谨记，所有销售行为的核心还是在于人，所以与其花太多心思在设计赏心悦目的网页上，还是应该多关注我们的目标受众，想想他们对什么感到不便或苦恼、会对哪些事物有兴趣，或者在日常生活中，需要什么产品、服务的协助。

登录页设置的目的通常很明确，现代人往往没有时间看完长篇大论，所以一开始就要讲重点，切入主题。请把握简单、有力的原则，多说说独特销售主张，也可巧妙运用数据、名人证词或用户口碑，而避免过多空洞的营销词汇。如此一来，精心设计的文案才能打动人，进而达到我们所设定的目标。

最后，我也想再提醒一下。身处行动时代，大家都很依赖谷歌或必应（Bing）等搜索引擎来查询数据，也常用智能手机或平板电脑上网，所以在设计登录页的过程中，也要格外注意搜索引擎优化和不同行动装置的浏览议题，好比要考虑是否另行开发手机客户端，或者采用响应式网页设计（Responsive Web Design）等方案。

由于每个被搜索引擎索引过的网页都可能是潜在的登录页。因此，我们除了在登录页上要多谈带给目标受众的利益，也别忘记嵌入一些特定的关键词。关键词和搜索引擎优化的搭配无疑是另外一门学问，但也值得我们花时间去研究。

其实，登录页的设计还有很多的细节，像网页设计的工具、教学，以及最近很热门的流量成长黑客（Growth Hacking）等，但受限于本书篇幅的关系，就先为大家简单介绍到这里。未来，我将再开设相关的课程，或撰写其他文章跟大家分享。

结语

陪您走过一段创作的精神之旅

第一节 内容力

奇迹是可以创造的，但只有通过汗水。

——意大利企业家乔瓦尼·阿涅利（Giovanni Agnelli）

在《十倍胜，绝不单靠运气：如何在不确定、动荡不安环境中，依旧表现卓越？》[①]一书中，作者詹姆·柯林斯（Jim Collins）和莫腾·汉森（Morten Hansen）提到了“SMaC配方”。所谓的SMac，其实是“Specific, Methodical and Consistent”的缩写，也就是“具体明确，有条理、有方法，同时又始终如一”的意思。

其实，在撰写文章或文案的时候，大家也可以参考这个SmaC制胜配方。换句话说，我们在写作的时候不但要有旺盛的企图心，还必须遵守严格的纪律、具有建设性的偏执，以及以实证为依据的创造力。

① 远流出版事业股份有限公司2013年6月出版。

另外，根据《创意的生成》[①]一书提到的有关创意的淬炼，已经过世的美国传奇广告大师杨杰美（James Webb Young）跟大家分享了有关创意生成的五个步骤：

1. 资料搜集；
2. 消化吸收；
3. 让潜意识为你工作；
4. 创意的诞生；
5. 将创意做最后修正，以符合实际用途。

这五个步骤，不但回答了“创意是怎么来的”这个重要的问题，对于文案撰写者而言，也是绝佳的写作指南。但凡所有产品文案的起点，都是从资料搜集开始做起，我们不仅搜集竞争对手信息、市场情报，同时也要勾勒用户轮廓，才能掌握目标受众的需求。

杨杰美认为，所谓的广告创意，就是在特定信息的基础上再添加一般性信息，并重新加以组合。当我们完成数据搜集并将其整理放进数据库之后，就要像玩拼图一样，不时检视各种不相关的素材，并加以排列组合，试着找出一些可依循的脉络。之后，可以泡杯咖啡稍微放松一下，让您的潜意识接手创意拼贴，也许会迸发一些有趣的灵感。要知

① 经济新潮社2015年2月出版。

道，任何精细幽微之处都可能为将来的文案添加风采。

您可以和同事一起进行头脑风暴，或者打开数据库寻找灵感。当写好文案的初稿后，不必急着交稿，可以先沉淀几天。之后再看几遍，或者与同事、主管一起讨论、修正，整理出一份可以直指人心又掷地有声的好文案。

创意的生成，不仅仅需要灵感的陪伴和长期的经验积累，其实，更需要内容力的修炼。说到内容力，我还记得在2013年3月时，曾经读过好友“老查”李全兴（现任康泰纳仕桦舍集团数字运营总监）在“INSIDE 硬塞的网络趋势观察”网站所发表的一篇文章。

在“越来越重要的一种能力——内容力”文中，老查提到：

“内容力”即将成为越来越重要的能力，原因是，在我们每天的社交网络互动中，非常大的一部分就是“内容”与“信息”被分享而流动的过程，内容就如同航行在社交网络海洋之上的船，有好的船才可以乘载你或你的企业、产品、服务等信息到你希望到的地方。

我很认同老查的这番话，三年半之后重新阅读这篇文章，赫然发现在现今这个动态时代，内容力已然成为每个人必备的超能力。不只是负责运营脸书、图片分享社交应用（Instagram）等社交网络媒体的编辑必须懂得为各种影音、图文等内容进行包装或展览策划，或从事营销宣传的朋友，也要有撰写产品文案和新闻稿的能力；其实，大家都必须有创作、编辑或展览策划的能力，学习好好地跟内容做朋友。

虽然本书的重点在于介绍文案撰写的技巧，但其实“内容力”才是贯穿整本书的真正核心。大家平常看多了内容农场出品的罐头文章，或许多“标题党”为了骗取流量所下的“凶猛”标题，不但无法有效地增加产品、服务的销售数字，也可能会对我们的身心造成一定程度的伤害。

整体而言，我认为撰写好的内容，必须掌握以下几个要点：

1. 直接而有力。进入二十一世纪（或者说信息碎片化时代来临）之后，在文案撰写这个领域已经有了很大的转变。过去很重视措辞和造句的优美，写文案和文学创作之间的区别并不太大。但如今大家没有太多的耐心，注意力更成了稀有物。于是，文案撰写的重心开始从信、达、雅转移到简洁有力、快而有效。好比共享经济的代表优步（Uber）所提出的“不断变化的世界移动方式”（Evolving the way the world moves.），或云端储存服务多宝箱（Dropbox）所擘画的“家庭生活”（A home for life），都是力求让大众一看就能明了的铿锵有力的文案。

2. 吸引读者萌发动机或产生兴趣。根据几年前美国《商业地平线》（*Business Horizon*）的报道，人们在网络上的忍受程度只有8.3秒，意思是如果网页在8秒内还没载完，网友就会失去耐心而离开。当然，伴随网络科技的进步，现在大家的耐心更有限，扫描每则标题的速度也只需零点几秒。如果我们所撰写的文案无法在短短一两秒内吸引读者的兴致，那么很可能一切都是白搭。所以，能够结合时事、彰显人性的文案，会比一味说道理的文章更受欢迎。

3. 展现具体的利益。做营销，必须了解顾客真正关心的事物才能写出让他们觉得重要的内容。而要让人“有感”，首先就是要展现具体的利益。就像我在书中提过几次的小米手环的故事一样，每个人选购的理由可能不尽相同，对母亲来说，因为可以通过蓝牙提醒来电，所以让她一“戴”成主顾。

4. 不可以有产生误解的风险。很多人在撰写文章或产品文案时，偶尔会想卖弄一下文字功力，但要特别小心不要弄巧成拙了，以免让目标受众心生反感，或产生错误的联想。举例来说，家乐福在2016年8月所推出的“飘飘同乐会”中秋促销活动，打出“就算没有第三只眼，现在也可以看见飘飘”的口号，看得出来是想诉诸黑色幽默。但诸如这类的营销操作，往往需要格外的小心。虽然已经时过境迁，但当我再看到类似“邀请您一起与飘飘同乐”的字眼时，不免会觉得有些毛骨悚然。

5. 兼具理性与感性。好的内容，不只要注意图文并茂，若能兼重情理，则更让人容易信服。善用科学根据、数据和名人证言，可以建立文案的权威性，而运用说故事的手法，则可以让人自动投射情感到特定情境之中，并产生联结。能够让人怦然心动的文案的确有很多种，但若能兼具理性与感性，一定会让人留下深刻的印象，并愿意听从召唤。

时至今日，走在大街上常可发现有人在发送传单，但大多数人都挥手拒绝，甚至是拿了之后直接丢到垃圾桶内。在这个信息爆炸的年代，促使社会大众接收信息的门槛提高了。对经营者来说，唯有不断推陈出新，产生令人好奇或感兴趣的内容，才会让人双眼发亮，愿意花时间去观看或了解。

全球市场营销学的权威菲利普·科特勒（Philip Kotler）教授曾说过：“营销并不是以精明的方式兜售自己的产品或服务，而是一门真正创造顾客价值的艺术。”

培植“内容力”，无疑是每一个营销人都必学的功课，而文案写作，诚然也是为了创造顾客价值而生的一种方式。当我们学会了以优质内容为饵来吸引潜在顾客上门的营销手法时，才能够在这个“内容营销”逐渐成为主流的数字时代，持续地为自家产品或服务的宣传加分，并提供更多的附加价值。

第二节　文案写作百宝箱

对于一个人的成功与失败，态度所扮演的角色比能力要重要许多。

——美国假日酒店创办人凯蒙斯·威尔逊（Charles Kemmons Wilson）

过往开设的系列文案课，都会提供我所整理、搜罗的文案写作百宝箱给学生，希望同学们可以在文案撰写的过程中，获得一些参考信息。在本书的最后一个篇章，我也想把这个百宝箱送给大家，希望各位都能从中获得帮助。

参考资源

《标点符号用法》GB/T 15834—2011

标点符号是辅助文字记录语言的符号，是书面语的组成部分，用来表示停顿、语气，以及词语的性质和作用。

根据以往教文案课的经验，我发现很多人都把标点符号还给小学老师了，以至于一整篇文章，只会用逗号和句号。所以，我常把标点符号这个环节列入课前预习的部分。

其实，标点符号的用处不只是为了修饰内容，或增进文字的顺畅性，如果运用得当，标点符号甚至可以帮助销售。好比善于运用问号或惊叹号，可以增加文案的强度或悬疑性，宛若在文句中置入一个钩子，可以吸引人们的好奇心。

如果您还不是十分熟悉标点符号的使用，我会建议花一点时间上网浏览。标点符号，可说是中文写作的基础，绝对值得您花一点时间来重新理解和认识。

成语词典

成语是前人历经千百年文化的流传、锤炼之后，传承给我们的礼物。成语不但有丰富的典故，背后往往还有深厚的寓意。著名诗人余光中曾说过，“成语是白话文的润滑剂”，显见它的价值与重要性。

学习成语，不但可以精炼文句叙述与表达的能力，也有助于换种说法来传达意念。举个例子，如果要形容眼前山河景色的优美，除了常说的“山清水秀”之外，您还会用哪些成语呢？如果学会了应用成语，就知道还可以用锦绣河山、高耸入云、水天一色、波光粼粼、湖光山色、重峦叠嶂、高山流水或烟波浩渺等来造句。

虽然我曾说过，撰写有效的文案未必要堆砌华丽的词藻，但如果能适时地引经据典，也会给文案加分。

您还记得多少成语呢？如果乱用成语，那可是会贻笑大方的哟！好比我看过有人把描述质朴单纯的田园生活，写成“享受瓜田李下的田园休闲生活……”，这可真叫人哭笑不得。

记得在2016年6月，小米旗下的智能家居品牌米家对外公布一张神秘的海报，上头写着大大的“风行电照”四个字，仿佛暗喻即将推出新产品。

有人猜测，小米是不是把“风驰电掣”误写成了“风行电照”？当然，就局外人来看，不无这个可能；不过，中国其实也有一个成语是“电照风行”，意思是“如电光之照耀，如风之流动”，比喻影响甚大。或许小米不是写错了，只是把这个出自南朝的典故“电照风行，声驰海外”给弄颠倒了。

现代汉语词典

虽说我们每天都在使用中文，但难免有时会忘记或不确定某个文字的写法。举例来说，您还记得“心无旁骛”的这个“骛”字，下面是“马”还是“鸟”字呢？（小提醒，只有用“趋之若鹜”的时候，才要用这个“鹜”哦！）

如果没有把握的话，这个时候就需要借助词典了。还记得小时候，爸妈总会帮我们准备一本学生字典，但长大之后可能就不知道丢到哪里去了。

尽管我们大多时候都使用中文来撰写文案，但身处在这个地球村，我们难免会有需要用到英文的时候。如果没有把握、不大记得某个英文单词的用法，而身边恰巧又没有英文高手该怎么办？

这时，我就会打开浏览器连上Cambridge Dictionary（剑桥字典）网站，试着输入关键词来查询。这个在线字典除了提供中、英文的解释和例句外，还有美式和英式的发音，可以让我们顺便练习，是一个很不错的语言学习资源。

顺带一提，如果您有撰写英文文案的需求，我也推荐阅读《写出销售力：业务、营销、广告文案撰写人之必备销售写作指南》[①]。这本书除了传授将销售技巧转换成销售写作技巧的简单秘诀、快速写出最佳文案的信心与技巧，以及传授获得读者注意力、尊敬和信任的新方法外，还提到相当多撰写英文文案必须注意的细节，相当值得参考。

网络社区

除了以上的参考资源外，我也在网络上成立了一些相关的网站和社区，欢迎有兴趣的朋友共同互动、交流。

内容研究所

顾名思义，这是一个专门研究“内容”的场所。在这个关注者专页

① 经济新潮社2008年4月出版。

之中，我会不定期跟大家分享一些与文案撰写、内容运营或内容创作有关的新闻、动态。倘若您对这几个议题都感兴趣的话，不妨来帮我点个“赞”，或者设定“抢先看”；如此一来，便不会错过我所分享的最新信息啰！

内容营销 × 文案写作

这是一个在脸书上不公开的社团，从名字就可以看出这个社团的成立宗旨。如果你想提高内容营销或文案写作的技巧，希望有人和您一起练习书写，或希望有朋友可以相互讨论作品的话，那么很欢迎大家申请加入这个社团。写作是一门需要练习的技术，天分虽然很重要，但想要追求成功，往往更需要苦练。所以，让我们从现在开始练习吧！

郑纬筌小学堂

http://www.vistaschool.today/

常有人跟我咨询开课的事宜，所以我创办了这个网站，只要新近有开设课程，我就会在上面发布。除此之外，我也会不定期在这个网站上分享一些与文案撰写有关的内容，有兴趣的朋友也不妨关注，或可以直接订阅文章通知，以确保在第一时间收到开课通知。

终于进入本书的尾声了，很高兴您对文案撰写感兴趣，我也很荣幸可以陪伴大家走过这样一段创作的精神旅程。正所谓“千里之行，始于足下”，这本书只是通往写作的起点，让我们一起努力前进吧！